師大歷史・記憶

系友訪談錄 1

國立臺灣師範大學歷史學系 主編

序

一九四六年，本系前身——臺灣省立師範學院史地學系成立，另設一年制和三年制史地專修科各一班。一九四九年，史地專修科第一屆學生結業後，停止招生。一九五五年，本校改制為臺灣省立師範大學。一九六二年，歷史系獨立成系。一九六七年七月一日，本校復改制為國立臺灣師範大學。一九七〇年八月，鑑於學術發展之需要，本系成立歷史研究所，初僅設碩士班，一九七七年八月復有博士班之設。至一九九六年，系所合一，以迄於今。此外，為提升中等學校歷史教師教學品質，本系於一九七八年七月開辦暑期四十學分班，一九九三年九月開設週末四十學分班。二〇〇三年七月，更開辦在職進修碩士班歷史科學分進修班。為進一步提供中學歷史教師進修學位管道，一九九九年七月，本系開辦暑期歷史教學班，二〇〇三年八月復設週末歷史教學班。二〇一一年週末歷史教學班停止招生，暑期歷史教學班則於二〇一三年更名為歷史教學碩士在職專班，至二〇一八年停止招生。

歲月匆匆。本系自史地學系創設至今，已逾七十年；自歷史系獨立設系，已近一甲子；自創所以來，至明年已屆五十週年。本系自開設以來，以培育中學歷史師資及歷史研究人才為宗旨。在師長銳意經營下，穩步發展。及至二〇一九年七月，已有博士班畢業生一百七十三名，碩士班畢業生五百六十五名，學士班畢業生三千一百四十一名（包括史地系四百一十四名，歷史系兩千七百二十七名），暑碩班畢業生亦有兩百七十八名之多。本系系友，服務教育界與學術界者眾。其在教育界者，除中學外，多有任教於國內外大學者，作育人才，成就卓著；其在學術機構任職者，研究表現優異，享有盛名者頗不乏人。近年來，因應社會變遷，師大逐漸轉型，致力多元發展，本系系友在業界發展有成者亦所在多有。本系系友雖分散海角天涯，然在各自崗位上，均能克盡厥職，實現自我，更為國家社會貢獻心力，本系榮譽亦得以綿延不輟。

二〇一二年七月，有鑑於多媒體時代來臨，本系第十四任系主任陳登武教授乃有建立本系師生、系友交流互動平台之構想，遂有電子報之創刊，以每月發行一期為原則。除報導本系活動花絮，更開闢「系友訪談」專欄，由在校學生訪談系友，分享其在本系求學過程中的生活點滴，以及畢業後的發展歷程。從創刊以迄二〇一九年七月，訪問校友已達六十四位之多。這些訪談記錄，不僅展示了系友的個人生命經驗，也再現了本系的歷史發展軌跡，彌足珍貴，值得細細品味。

本系電子報「系友訪談」系列至今已經累積了豐富的成果。為了便於閱讀和收藏留念，本系擬將之匯集成書，分冊出版。唯因電子報發行至今，已歷七年，訪談形式以至文稿整理之作法容或有異，致有體例不一現象。本書決定保留電子報上原有發表形式，於出版前詢問受訪者是否需要增補內容，同時取得收錄本書的允許。本書分冊編輯，大致以受訪者之資歷及畢業年度作為先後順序。出版前夕，謹代表本系對所有受訪系友再次表達謝忱，順祝所有系友身體安康。本系師生自將繼續努力，延續過去榮耀。

國立臺灣師範大學歷史學系第十六任系主任

陳惠芬

二〇一九年七月

目次

張朋園

* 張朋園老師經歷可另參閱：陳儀深訪問，〈張朋園先生訪問記錄〉，《近史所一甲子：同仁憶往錄上冊》（臺北：中央研究院近代史研究所，2015）。

張朋園老師，貴州貴陽人，1926年出生，抗戰時以知識青年從軍，嗣後輾轉來臺，先後考入史地系45級，及國文研究所49級。曾任職國立歷史博物館，1961年起進入中央研究院近代史研究所，至1997年以研究員退休。張老師曾於1973年至1992年在系上兼課，並於1977年至1980年出掌所務（1980年兼任系主任、所長）。

2014年下半年，中研院近史所為張朋園老師等研究人員進行了系列口述訪談，於2015年出版。張老師表示他的一生不外乎教學與研究，近史所的訪談已將其「學術生涯」部分完整概括，至於「求學」與「教學」的部分，師大歷史系電子報的訪談可為補充。

早歲生活

張朋園老師是一九二六年生於「天無三日晴、地無三里平、人無三兩銀」的貴州省省會貴陽，對於早年成長的艱辛，張老師已不願回憶。在貴陽，張老師曾就讀私立正誼小學、正誼中學，後因抗戰軍興，張老師投身軍旅，進入衛勤單位，並於一九四九年隨軍遷臺，駐在臺北公館水源地。在部隊裡的這段期間，張老師已是中尉軍官，一九五〇年更以第一名通過國家衛生行政高等考試，升任上尉，但在當時軍中苦悶的氛圍下，張老師不願繼續待在軍中發展。那時要離開軍旅，除開小差外，取得大專院校的入學資格，亦可「合法」地入學退伍，他遂以後者為追尋的目標。

一九五〇年代初期的臺灣可升學的選擇並不多，且臺灣省立師範學院是獨立招生。張老師以本校省立師院為其首選，原因無他，乃是師院有公費，供吃供住且有零花，對隻身無靠、別無積蓄的外省籍退伍軍人來說，是最好的選擇。經過三年的準備，先到補習學校進修英文，一試即正取通過入學考試，脫下一身老虎皮，於一九五二年進入省立師範學院史地系（四五級）。[1]

師院雜憶

大學階段

一九五〇年代初臺灣省立師範學院的史、地兩科尚未分家，是為史地系。[2]校長是四六事件後派來師院整頓的劉真（字白如，一九一三－二〇一二）。劉真是許多師大早歲畢業校友所感念的「永遠的校長」；只記得劉校長年紀很輕，約莫四十來歲，安徽人，身兼立法委員，是陳誠的親信；劉校長每日都參與學生朝會升旗、隨後訓話，頗具朝氣。他對教育系的同學頗為照顧，在校培養了一批學生在訓導處幫忙，如

1 張老師表示他在軍中一共待了九年。抗戰勝利後，張老師即想復員去讀書，但直到輾轉來臺後才得以實現。
2 一九六二年史地系方擴充獨立為歷史、地理二系。

教育系的李華偉、[3]史地系的周應龍等，被同學們戲稱「訓導處行走」。

張老師回憶他們四五級史地系在一九五二年初入學時共四十六名同學，其中僅有九名女生；但大二時有一位同學通過公費留學考試出國，大二、大三時復有五、六名大陸流亡大學肄業生插班入學。[4]由於行伍生活的耽擱，張老師入學時已廿六歲，是全班中年紀最長者，至師大畢業時已卅歲。[5]

史地系的課程分歷史、地理兩學科，張老師的選課雖以歷史學為主，但對地理學的課程也甚感興趣，如章熙林教授的地形學，帶著同學到石碇實地講解壺穴地形的形成，便令老師印象深刻；沙學浚主任的地緣政治亦頗為精彩。

---

3 據《臺灣省立師範大學四五級畢業紀念冊》所載，李華偉是「四五級同學錄編輯委員會」的「指導」。張老師回憶李華偉當時在校就極活躍，以為將來會從政，孰料他畢業後赴美修讀圖書館學，就在美國工作定居，曾擔任美國國會圖書館東方部主任，在華人中頗有成就。

4 依據《臺灣省立師範大學四五級畢業紀念冊》通訊錄及相簿資料，該年史地系共畢業四十四名，其中有四名「寄讀生」（插班生，包括一名女生）。

5 依據《臺灣省立師範大學四五級畢業紀念冊》通訊錄，四五級史地系年紀最大的為民國十四年次的寄讀生趙方鵬及何榮高，本科的黃養志與張老師同為十五年次。

在大二時，張老師曾想，既然要成為「教育家」，應當讀教育系，故興起轉系的念頭。但送遞申請，旋即為沙學浚主任所斥責不許。沙教授頗有威嚴，在學生間的外號為「沙皇」，張老師也就打消轉系的想法。

在師院求學階段，張老師過得頗為清貧。雖然有公費、零用金，但公費的膳食不佳，長年是水煮白菜、豆腐豆乾，很少有肉，且扣除膳食開銷，公費即所剩無幾。雖然校門口、龍泉街（現師大路）的男生宿舍旁有小販可打打牙祭，有錢的同學可拿繩子垂下提籃購買抄手、滷豆腐皮等宵夜，但對隻身來臺，無家人給養者，也僅能望梅止渴。當時唯一的消遣是吸菸，每日需花五毛錢買五支菸，這個抽菸壞習慣一直持續了廿年才戒除。好在那時學校有提供清寒學生勞動服務「以工代賑」，張老師便在星期日於訓導處做打掃環境的工作，藉此換得每月十元、廿元不等的薪酬，能夠添購些盥洗日用品，或買點「辣子」、蔥加醬油來「拌飯」，在膳食中增添些調劑。此外，在求學的過程中，舊日同袍吳奭不時來訪「雪中送炭」，也令張老師一輩子感激。[6]在其他同學的眼中，張老師是較為用功的學生，心無旁騖，勤記筆記，[7]甚少參與學生活動。

研究所階段

一九五六年大學畢業後，隔年張老師考入了本校第二屆（期）「國文研究所」。[8]張老師表示，國文研究所的設立，與教育部長張其昀的雄圖有關。蓋當時張其昀想在各大學中籌設研究部，培育「專才」，而「國文研究所」的設立則是想錄取「博物館」、「圖書館」及「大字典」三類的研究生，希冀畢業後即能上手，開辦公共博物館、編寫大字典及百科全書，以利社會教化及學術事業。幾經波折，遂在師範大學開

6 吳爽（聞喃，一九二四－二〇〇〇）醫生為張朋園老師的同鄉、同袍及摯友，在張老師求學階段不時地送錢資助並予以鼓勵，並在他取得碩士學位時（一九六〇年庚子）刻一方石印相贈以為誌賀，此印至今仍為張老師日常所用。吳爽為骨科大夫，又專精於痲瘋病診治。

7 張老師的筆記是用白報紙裁剪，釘成一冊而成，臨考試時常為同學們所借抱佛腳之用，他往往將筆記拆成兩冊供自身及同儕閱讀。

8 首屆師大國文研究所於一九五六年八月開始報名、考試（四十五學年度），名額五人，同期尚有教育研究所及英文研究所招生。

辦，招收碩士生，第二屆起招收博士生（高級研究生）。[9]

張老師回憶，當時師大「國文研究所」下分「博物館」、「圖書館」及「大字典」三組，每組錄取四名碩士研究生，一共錄取博士生一名、碩士生十二人。考試只考國文、英文兩科，博、碩士班的考題一致。由於國文研究所的設立是導因自張其昀培育特殊專才的構想，張朋園老師是史地系出身，只能選擇與歷史相關的「博物館」及「圖書館」組，也因之順理成章地進入張其昀所籌辦的歷史博物館，一面工作，一邊讀書，[10]而師範生所需的公費實習，則掛名在華僑中學而未實際任教。那時張老師在史博館擔任編輯，住在史博館的宿舍，並協助館長包遵彭先生（一九一六－一九七〇）工作。

---

9 張老師表示當時張其昀是以部長之尊先與臺大相商開設博士班，臺大的教授們以本身未具博士學位而推辭（一方面可能亦是臺大的教授多傳承北派北大之學術體系，與南派南高中央學術體系的張其昀學脈不同有關），故轉而找劉真校長，兩人一拍即合，遂在師大國文系創「國文研究所」。師大國文研究所也成為政府在臺最初頒授文學博士的系所。原本他系的畢業生是不能應考師大國文研究所，但當時剛開辦，遂特准史地系應考，但僅能選博物及圖書館組。此門路到第三屆即行關閉，限定國文系（中文系）畢業方能應試。

10 按「史博館」於一九五五年底設立，時名「國立歷史文物美術館」，一九五七年時更為現名「國立歷史博物館」。參該館網頁：www.nmh.gov.tw/zh/about92.htm。

國文研究所的訓練，對張老師助益頗大。首先是課程知識的廣博，由於張其昀要培養學以致用的專才，博物館的知識又包羅萬象，因此諸如古器物學、書畫鑑賞、藝術史、甲骨金石等基礎，便在這階段養成；其次，師大國文研究所傳承的黃侃以降南高中央之學風，重視小學反切韻，以基礎經典句讀入手，因此在學期間張老師便點校了十三經，也從基礎的文字學訓練中，受益甚多。

至於碩士論文的撰寫，則另有段因緣。當時臺灣沒甚麼人知道「博物館學（Museology）」，一日，張老師在南海學園史博館對面的美國新聞處閱覽，發現了一本關於博物館的英文書籍，細讀後得到許多啟發，可以現學現賣。適巧頂頭上司包遵彭館長也有意擔任其指導教授，遂以此撰寫了〈博物館學〉碩士論文。

國文研究所畢業後，張老師繼續在歷史博物館服務了兩年，但他卻想回頭從事歷史的研究工作。當時郭廷以先生已銜命在中央研究院開創近代史研究所，幾位師院畢業的學長亦已受延攬入所，張老師也想循此途徑，惟與廷以老師無私交。適時大學同窗摯友黃養志自告奮勇向高班學長徐乃力（四三級）引薦，再由徐向郭廷以老師推薦，經郭審核在學成績後，終得入近史所（一九六一），也開啟一甲子史家的生涯。[11]

師院求學時的老師

戰後臺灣文史學科，受到大陸遷臺學者影響，大致承襲大陸時期京師大學堂北大、以及南高師中央兩大脈絡；前者較自由進取，多群聚於臺大、史語所，後者則趨保守，以師大為其據點。大致上師院早期的文史教授，多有南派（南京高等師範、東南大學、中央大學）的背景。張朋園老師認為師範學院以至師範大學，之所以在高等教育及學術上嶄露頭角，與其廣納臺大等校的兼任教授，在師資上不限一隅不無關係。在記憶裡，當時師院師資課程均一時之選，歷史方面的課程有：朱雲影〈東南

11　關於張朋園老師進入近史所的過程，在近史所甲子所慶的訪談、及徐乃力教授的回憶錄有詳細的描述。參陳儀深訪問，〈張朋園先生訪問記錄〉，《近史所一甲子：同仁憶往錄》上冊，頁一〇七、一〇八；徐乃力，〈大時代中的小人物——徐乃力八十自述〉（臺北：中央研究院近代史研究所，二〇一四），頁七十七。

亞史〉、郭廷以〈中國近代史〉、李樹桐〈中國通史〉、王德昭〈西洋近代史〉、陶徵譽〈西洋中古史〉、沈剛伯〈西洋古代史〉（臺大兼任）、曾祥和〈西洋名著選讀〉、張貴永〈西洋近代史〉（臺大兼任）、姚從吾〈史學方法論〉（臺大兼任）等；地理學方面，有沙學浚〈地學通論〉〈地緣政治〉、王華隆〈中國區域地理〉、章熙林〈地形學〉、鄭資約〈世界地理〉、任德庚〈教學示範〉、賀忠儒〈中國區域地理〉等。這些教師多為大陸遷臺的學者，正值盛年，當中並無臺灣省籍的教員。以下是張老師對部分老師的回憶：

沙學浚

沙學浚老師為史地系的系主任，在大陸中央大學時期已享盛名。在史地系，沙教授為學生暱稱「沙皇」，又敬又畏，其講授的〈地緣政治〉頗為精彩。沙學浚老師退休後，因其女婿在美國哥倫比亞大學任教，定居紐約哥大Broadway的公寓。一九八〇年，張老師客座哥大時曾拜訪沙老師，請老師來寓一敘，那時沙約莫八十歲。

章熙林

章熙林教授教授〈地形學〉講究實地教學，曾帶領同學到石碇溪谷考察「壺穴」（pothole）地形，講解形成過程。張老師這堂課的考察報告為章所欣賞，還建議張老師唸地理組。

王華隆

王華隆在大陸即極有名氣，與作歷史地理出名的張其昀並稱「南張北王」。王華隆未入政界，來臺後於師大專任。[12]

12 據《臺灣省立師範大學四五級畢業紀念冊》通訊錄，王華隆老師為遼寧黑山人，北師大研究院畢業，在大陸曾歷任多校主任、院長、導師，時五十五歲，為史地系專任教師中年紀最長者。

姚從吾

姚先生曾任河南大學校長，來臺後專任臺灣大學歷史系，並來師大兼課〈史學方法論〉，講授蘭克史學派「畫我像我」的理論。

當時一般的老師上課方式為口授、寫板書，聽任學生自寫筆記。但姚從吾不同，他有授課講義，每堂課隨堂發放，但卻管控極嚴，不多發亦不補發，因此曠課者就拿不到講義了。

郭廷以

郭先生與張老師關係極深，且有許多文字記述，故不再贅述。

張老師表示，郭廷以老師在光復後曾到臺灣大學任教過，豈料大陸變色後晚來一步，僅能到師院專任。郭在師大開設兩門課：〈明清史〉及〈中國近代史〉，張老師僅選修過後者。回憶起郭廷以老師講課，敘述史事極為生動，令人動容，所以聽其上課可以說是種享受，也因此影響張老師走向研究中國近代史的道路。由於選修郭廷以老師課程者均要繳交「讀書報告」，張老師遂翻譯某英文本世界近代史中的一章當作業。由於郭先生認為一名歷史學者應該精通一門外語作為研究工具，因此這篇翻譯作業可能給了他一點好印象，認為張老師的英文還不錯，這對於日後徐乃力推薦張老師入近史所不無幫助。

梁實秋

張老師求學期間對於英語能力十分重視，曾到英語系去旁聽。當時英語系最有名的教授便是系主任梁實秋。梁氏在大陸時已頗負盛名。懾於梁氏的大名，張老師去旁聽梁實秋老師的〈英國文學史〉，從中獲得很大的助益。梁實秋在講到Samuel Johnson時，建議學生閱讀其傳記 *Life of Samuel Johnson* 來提升英語閱讀實力。[13]因為該書用語純正、簡單，不用僻字俚語，對閱讀者英語能力的提升頗有幫助。

[13] Samuel Johnson（1709-1784）是英國十八世紀作家，其編輯的*A Dictionary of the English Language*字典為*Oxford English Dictionary*

張老師在師大時還細讀了希臘荷馬史詩《伊利亞德》（*Iliad*）和《奧德賽》（*Odyssey*）的英文散文，但已記不清是因梁實秋之〈英國文學史〉還是曾祥和之〈西洋名著選讀〉推薦致之。而張老師在師大求學期間從修習梁老師、曾老師的課中體認到作為一名研究者在史學上要有成就，至少需精通一門外語，最好英、日語兩門均通，這有助於開闊歷史的視野。日後張老師也以此對後進諄諄教誨。

沈剛伯與曾祥和

郭廷以、沙學浚及沈剛伯在南高中央時期即是該校三霸，頗有名氣。沈剛伯老師與曾祥和老師是夫婦，沈專任在臺大，而曾在師大。

莊尚嚴

莊尚嚴是張老師國文研究所時的老師，也是史地系同學莊申慶的尊翁，一生服務

出版前最重要的英語字典。其傳記*Life of Johnson*為James Boswell（1740-1795）所撰，該書亦作*The life of Samuel Johnson*。

於故宮。得莊老師授課之賜，張老師等國文研究所的同學曾赴霧峰北溝學習三個月，每日到故宮庫房上課，親臨各類文物真跡，想想真是一項享受！

林尹、高明、潘重規

師大國文系有三大名師，林尹、高明、潘重規，均是黃侃的弟子。黃氏為章太炎高足，所傳之學於南高師、東南大學、中央大學匯流，遂成「南派」，與北京大學所傳的「北派」涇渭分明。「南派」學風較傳統、保守，而「北派」較自由、進步，這種學派分野戰後傳襲至臺灣；「北派」的據點即臺大（與中研院史語所），而「南派」則堅守師大（及後來由郭先生所創的中研院近史所）。張老師在師大國文所時雖師事林尹、高明、潘重規等諸夫子，遵循古法點校十三經，但他自謙自己的舊學底子不足，且博物館組也不被要求在小學、文學史下功夫，因此僅只圈點而過，因此並未從中研究出名堂。

包遵彭

包遵彭與張老師的關係是師生，也是同事。

張老師言，包遵彭很早就是國民黨員，復旦大學畢業後（內遷重慶的復旦），曾入國民黨武漢珞珈山的「青幹班」，並從事學運工作。後來在海軍任職，擔任到海軍總司令辦公室副主任，離開海軍後，轉赴救國團工作。張老師表示，由於五十年代中當時教育部長張其昀想成立博物館，缺乏幫手協助，包氏毛遂自薦，在南海學園籌設史博館並擔任首任館長。師大國文研究所博物館組本來預設就是要在史博館任職，因此張老師便住到史博館的宿舍、開始工作。

在張老師眼中，包遵彭老師頗為聰明，也有文采，研究著作頗豐。[14]包遵彭先生原本並非博物館學專長，因此僅為張老師的〈博物館學〉碩士論文修改詞章。不過包氏有其史識，能從中關注到中國博物館史的發展，遂以此展開研究並寫出博物館學相

14 張老師表示，他在史博館任職期間，包遵彭先生的所有英文資料、信件都是由其經手處理。

關的論著。[15]

師院求學時的同學

四五級史地系入校時大概本、外省同學各占一半。在張老師的印象中，本省籍的同學通常日語不錯，但中文能力稍差，同學間雖無省籍衝突，但也往來不密切。張老師在同儕中年紀稍長，因此在畢業後的同學交誼中常扮演穿針引線的角色。早年張老師夫婦便常請同學們到家中餐敘，後來翟黑山名利雙收，則由張老師、翟黑山輪流作東，召集臺北的同學聯誼聚會、或幫助景況不佳的同學。[16]

張老師回憶師院四五級史地系，學者不見得比前幾屆多，但出了幾位特殊的名人：

15 包遵彭，《中國博物館史》（臺北：正中書局，一九六四）、包遵彭，《博物館學》（臺北：正中書局，一九七〇）。

16 張老師認為雖然他們四五級的同學在學期間與畢業之後，並無省籍間的矛盾，但距離隔閡還是存在。中南部的本省籍男同學畢業後往往返鄉發展，似有似無地就與其他（北部的外省籍）同學斷了聯繫，即便北上，也不太主動與老同學往來；常常只有張老師等南下拜會，卻不見其他老同學北上聯誼。

周應龍——才高八斗

周應龍（一九三三－一九八七）在八十年代初（一九八〇－一九八四）曾任國民黨的文工會主任，掌文化、娛樂、新聞、宣傳之大權，任內曾推動「三民主義統一中國大同盟」的籌組。[17]一般認為周的崛起是其擔任蔣介石的中文秘書，後又擔任蔣經國的機要，因此攀升極快。[18]據張老師所言，周應龍的貴人應該是張其昀與秦孝儀：張其昀是蔣介石浙東寧波同鄉、近臣，秦孝儀曾為蔣介石的中文秘書、親信；周應龍退伍後考入張其昀所辦的文化學院三民主義研究所，與秦孝儀兩人不但是湖南同鄉，且成了門生座主。透過秦孝儀的推薦，蔣介石採用周擔任中文秘書。周應龍曾告訴張

17 周應龍一九八四年由文工會轉考紀會主任，於任內病逝。參見〈執政黨中央考紀會主委周應龍心臟病發逝世〉，《中央日報》（臺北：一九八七年十月六日），版二。

18 周應龍一九六四年任總統府侍從秘書、一九七三年任蔣經國之行政院院長辦公室主任、一九七八年任總統府秘書室主任兼第一局局長與典璽官、一九八〇年掌文工會、一九八四年轉掌考紀會。參見〈周應龍病逝〉，《中國時報》（臺北：一九八七年十月六日），版三。

老師，一九七一年蔣介石提出安定民心的「處變不驚」口號就是他所提議使用的，[19]也因有此文采日後方能領導全國文化宣傳工作。他執掌文工會時正逢黨外勢力崛起、黨外雜誌風行。

在師大時，周應龍是張老師的室友，[20]當時師院男生宿舍在龍泉街（現師大路）上，八人一間，四張床面對面，正中有兩個桌子。周畢業後在頭份師大分校任職。張老師回憶在師院期間，周應龍就展現其才高八斗的特質，他的八行書寫得極好，[21]口才亦佳，[22]臨考試時便看張老師的筆記應付，反正只求及格。

19 語出蔣介石一九七一年六月十五日於國家安全會議上的講話：「只要大家能夠莊敬自強，處變不驚，慎謀能斷，堅持國家及國民獨立不撓之精神，亦就是鬥志而不鬥氣，那就沒有經不起的考驗，衝不破的難關，也沒有打不倒的敵人！」此語一出，旋即成為「國策」，處處可見的標語及宣誓與學習的重心。

20 張老師在訪談中提到的室友有周應龍、黃養志、吳國棟等三位。

21 也因此史地系四五級同學畢業時有許多人拜託周代寫介紹信。

22 曾任省議員的蔡讚雄便對「同寅」周應龍的文采口才十分敬佩。周曾在成功嶺大專生集訓時的講演比賽，擊敗其餘廿六個大專院校的學生，拔得頭籌。參見《臺灣省參議會、臨時省議會暨省議會時期口述歷史訪談計畫——蔡讚雄先生訪談錄》（臺中：臺灣省諮議會，二〇〇六），頁五—六。

周應龍雖然官高權大，但頗念舊，[23]與張老師一直保有密切的聯繫，[24]也屢對同學有所協助：如同學謝福生，曾擔任過北投育英中學校長及東南工專校長，是個行政幹才，下任後由其安排在國立編譯館擔任主任；又吳國棟同學，短小結實，在任職南部燕巢、岡山等校校長期間遇到不少困難，亦是透過謝福生轉求周應龍協助排解。

黃金地——回歸夢碎

「提到黃金地，就感到扼腕」。據張老師回憶，黃金地入學時是傳統說的「備榜」，但畢業時卻是獨占全校鰲頭！

在學期間的黃金地非常用功，勤抄筆記，每值考試更勤背筆記，甚至通宵不睡。黃除隨堂抄寫重點外，深怕遺漏，更向其他同學借筆記「百衲」而合為一，因此他的

23 周應龍頗念舊情，並非趨炎附勢、眼高於頂之人。其竹中時期的國文老師陳森甫後來頗不得志，而周氏時任文工會主委，得知後特地赴中山女高拜訪，令陳氏頗與有榮之。參見陳森甫，《懺悔錄》（臺北：德華出版社，一九七八）。

24 周與張老師除有同學同室之誼、借講義之「恩」。後來飛黃騰達後兩人私交仍密，每年總會有兩三次「轉轉會」，聯誼便飯。

筆記最「全」，考起試來成績也常最好，最後畢業時竟是全校第一！當時代理系主任是陶徵譽教授，認為黃金地為本省籍不可多得的人才，想留系任教，遂致電行政院政務委員蔡培火相商，蔡即往與劉真洽談，當面介紹黃金地，劉真也不便推辭，即補黃金地為史地系助教。

一九六三年黃金地取得教育部獎學金赴美University of Kansas（ＫＵ）就讀地理學，隔年張老師也赴哥大求學，兩人在海外自由通信，談了許多政治議題，一齊大罵國民黨政府。黃金地激烈地主張暴力革命，而那時張朋園老師已研究梁啟超並出版了專著，認為革命是禍不是福，主張漸進式的和平改革，遂彼此交換意見。那時張老師還不知黃金地已左傾，一九六六年，黃倏然「回歸祖國」參與文革。然據陳若曦《尹縣長》記，她所見到的黃金地，在大陸文革期間，大志難伸，也僅只教教英語爾。

後來，張老師從梁華璜處得知黃金地輾轉回臺，但一直不知下落；直到幾年前，張老師請蔡淵絜、陳惠芬老師回鄉時順道赴嘉義六腳探訪黃金地的下落，方知黃回臺時兄弟已分家，只好寄居親戚家。張老師去電，未獲回覆。

黃養志——不打不相識

黃養志文字功夫不錯，小楷字寫得尤好。張老師與黃養志在校同宿一室，是「梁山泊的兄弟——不打不相識」。雙方常為一點小事爭執甚至動粗，但後來成為很好的朋友，張老師也受到黃養志的幫助甚多。在學期間黃養志與周應龍是同一類型的人物，不太上課，每當考試，必向張老師借筆記本來「看」、甚至拆成兩冊來「讀」。

黃養志家與張其昀有舊，負笈師大時，已是教育部張其昀部長麾下的小科員了。[25]此外，黃養志長得也好，身材高大，是當時師大的「美男子」之一。嗣後黃養志決定留美。由於當時美國簽證不易取得，黃養志乃先到香港，就讀新亞書院，[26]取得學位及簽證後再赴美。進入印第安那大學修習歷史學博士學位，在一九六五年又轉入哥大改攻地理地質學，[27]與張老師二度成為同學，但黃在美的求學碰到一些瓶頸，

25 按，當年《臺灣省立師範大學四五級畢業紀念冊》通訊錄中黃養志的通信處就是「教育部」。

26 黃養志為新亞書院碩士班第七屆，牟潤孫指導（此兩者俱與逯耀東同），論文題為《乾隆朝征緬考實》。

27 參見譚汝謙，《我的保釣道路》，網頁：www.master-insight.com/content/article/2575。張老師認為黃的專長應在歷

最終未能取得博士學位。[28]後來切斷一切舊友的聯繫，隱居在紐約。

黃養志可以說是張老師的貴人。大學時，見張老師阮囊羞澀，介紹他去女友家擔任她兩位弟弟的家教，使張老師能夠有些收入改善生活；出社會後，更是熱情協助，才有徐乃力向郭先生推薦入近史所的可能，因此張老師迄今仍十分感念他。

周幼康——天生吃廣播飯

周幼康在學校時與張老師私交甚篤，也是每到考試時便向張老師借筆記本來「抄」——比周、黃的檔次高一級。周說得一口標準京片子，畢業後進入美國之音（VOA）當播音員向大陸廣播，大談美式民主，大概是個令北京頭疼的人物。[29]說

史學，改行地理甚為可惜。

28 七〇年代黃養志在紐約介入保釣運動甚深，曾組織社團、編寫反日方觀點之說帖及刊物。參見前註。

29 周幼康畢業後於一九五九年開始在警廣擔任記者，一九六七年應聘至香港美國新聞處，並給VOA撰稿，一九六七年轉任位在Washington, D.C.的美國之音中文部，至二〇〇五年退休。參見網頁：www.voacantonese.com/content/story-of-wsr-1-13510488/935977.html、www.voachinese.com/media/photogallery/860265.html。

來奇怪，周私下講話時有些口吃，但面對麥克風卻又口若懸河，靠這個本錢，周能吃廣播飯，至今定居Washington, D.C.。[30]

翟黑山——中國爵士樂教父

翟黑山是東北遼北黑山人，在校時便嶄露其音樂天才，帶領同學玩樂器、彈吉他、教同學跳舞。畢業後，翟雖有到文化學院取得地理碩士學位，[31]但他整個的興趣與志業都已轉向了「現代音樂」，先於一九六九年赴美國現代音樂的重鎮——波士頓的伯克利音樂學院（Berklee College of Music）專攻爵士樂，歸國後組織爵士樂音樂學會、培育學生，後來臺灣夜總會的樂團泰半是其弟子，如此闖出了一片天。翟黑山七十歲退休後將視野投向大陸，到北京繼續推廣爵士樂，在兩岸都名利雙收。[32]

30 關於周幼康的家族資料可參網頁：blog.sina.com.cn/s/blog_13e293caa0102v7cf.html。
31 翟黑山，《桃園臺地聚落之研究》（臺北：中國文化學院碩士論文，一九六七）。
32 翟黑山獲得第十三屆金曲獎特別貢獻獎（二〇〇二）。

陳仲勉

陳仲勉是僑生，香港（廣東）人，在學期間曾任級長，畢業後返港發展。陳仲勉對香港的基礎教育貢獻頗大，曾任香港著名的的天主教教會貴族學校喇沙小學（La Salle Primary School）的教務主任及校長，[33]七十歲退休，計在喇沙小學服務四十載。之後陳復開創事業第二春，夫婦一同成立九龍塘劍鳴幼稚園暨幼兒園並任校監，七十五歲退休改任創辦人兼校董，由其妻陳嚴黛莉繼任校監。[34]

周清惠

周為宜蘭礁溪人，畢業後回宜蘭任教，後來涉足旅館業與補教業有成，在地方上也頗有聲望。一九七一年他與林忠勝、李正雄等幾位師大的校友創辦宜蘭「慧燈補習

33 半日制下午部，任校長期間一九七八年至一九九八年。
34 陳嚴黛莉（Mrs. Helena Chan）曾任瑪利諾修院學校小學部英文科主任，在該校服務三十六年。劍鳴幼稚園在業界也頗有口碑。參見網頁討論：m.edu-kingdom.com/post.php?fid=51&tid=2404248&page=2。

班」，以此基礎進而成立「慧燈中學」，至今仍為慧燈的校董之一。

盧秀如

盧秀如與張老師都是外省籍學生，[35]畢業後走的是地理學，到文化學院拿了碩士學位，[36]後在基隆海洋學院專任，退休後赴美定居。

曹漢旗

曹漢旗是苗栗通霄人，畢業後即分配回臺中女中教書，並成為中女地理科的「名師」。但真的讓曹漢旗出名獲利的是補習班，幾乎可說是臺中的補習班史地名師，每週要講廿、卅堂課，因此元氣大傷。

35 按，盧秀如原是原臺大法學院學生，涉入一九四八年的「四六事件」被捕，遭判有期徒刑三年、褫奪公權二年，後改入師院史地系。參見張光直，《番薯人的故事—張光直早年生活自述》（北京：三聯書店，一九九九），頁五十八，「政治受難者數位資料庫」網頁：www.twgiga.com/web/orang/win.asp?ID=5155。

36 盧秀如，《新店溪河谷地形研究》（臺北：中國文化學院碩士論文，一九六六）。

張老師表示，因為曹漢旗的日文造詣好，當年郭廷以先生有意延攬他進入近史所，未為曹所接受，令郭頗為失望。後來近史所所延攬精通日文的人才就是林明德老師。

楊樹森

楊樹森是山東人，習地理，畢業後赴美求學。他雖曾爭取回師大史地系任教，終未竟功，遂在美國的繪圖公司擔任繪圖員，漸漸爬升至主管階層。

四五級同學中在學界發展的主要有：

莊申慶

四五級史地系畢業後專注於學術研究者不少，如張老師、莊申慶（一九三二－二〇〇〇）、梁華璜、姜道章及范純等諸位。

莊申慶即「莊申」，出身藝術世家，為莊尚嚴長子，[37]因為家學淵源、耳濡目染，大學時儼然就是藝術史專家，畢業後也自然地走上藝術史研究的道路，赴美國普林斯頓攻讀藝術史學位、作「風格分析」，成為大師方聞院士的學生，因故未竟學業而歸。從美歸國後，莊申慶赴港任教中文大學及香港大學，一九八七年返臺任職史語所至退休。[38]

梁華璜

梁華璜（一九三四－二〇〇六）為高雄人，由於在校時不宿同室，彼此不熟，張老師亦未特別注意到其研究的潛力。

史地系畢業後，梁氏任教南部的旗山中學和屏東女中，一九六三年赴日本東京大學攻讀東洋史學，一九五七年取得碩士學位。一九五八年到新加坡南洋大學任教四

37 莊尚嚴的四子分別為莊申、莊因、莊喆、莊靈。由於莊申的母親姓申，因此取名「莊申慶」以表「莊申同慶」。莊尚嚴且是張老師在國文研究所時期的老師。

38 參考史語所網頁：http://www2.ihp.sinica.edu.tw/staffProfile.php?TM=3&M=4&uid=101。

年，一九七三年起任教於成功大學歷史系，至一九九九年退休。梁氏在南臺灣桃李眾多，對臺灣史研究也頗具貢獻。[39]

姜道章

姜道章是湖北人，主修地理，後赴美取得俄勒岡州立大學碩士、夏威夷大學博士，曾在新加坡任教南洋大學及新加坡國立大學。李國祁老師任師大文學院院長時有意延攬他回母校任教，但最後並未成功。

以下則是四五級史地系的女性同學。該屆史地系只有九位女同學，最初男女同學間的感情並不融洽，起因則是陳仲勉任級長時到教務處領成績單，女同學們認為他拿到男生宿舍公開傳閱；再則為野外田野考察坐車時，男同學搶先佔位。這些小事，令九朵金花感到男生沒風度，不受尊重，而與男同學「決裂」。這種緊張關係大概維持

[39] 參考成大網頁：http://news.secr.ncku.edu.tw/files/16-1054-48762.php。

了三年。直到大四上畢業旅行時，[40]大夥忽感前三年「貌不合神離」，此刻行將別離、依依之情不勝言表，兩邊的關係才恢復，並產生了一組「班對」。

范純

范純是廣東大埔客家人，其父為本校教育系教授范錡。她畢業後到美國UCLA讀歷史，並取得博士學位。因夫婿范寶峰取得夏威夷大學聘書，遂移居夏威夷，任教夏威夷大學歷史系；曾擔任該校婦女研究中心的主任，並活躍於亞洲女性的比較研究課題。退休後夫婦定居檀香山，范純為了華裔文化及語言的保存，在夏威夷創辦檀香山信義會中文學校並兼首任校長，頗受到我國政府肯定。[41]

40 當時大四學生南下各地參觀，主要訪問各地的中學校，以便畢業生對分發學校的選擇有概念。
41 參考客委會相關網站：www.randl.com.tw/hakka/pro.php?offset=0&main_id=2&mid_id=14&cate_id=39。

管式遵

管式遵的父親是本校數學系教授管公度，其姐為本系四四級管式訓。後來赴美猶他州University of Utah改讀圖書館學，[42]拿到學位後嫁給新加坡華僑，回星發展，夫婿進入新加坡大學任教、管則入義安理工學院圖書館任職，[43]後擔任該圖書館館長。退休後在新加坡定居。

卞金秀

卞金秀畢業後在臺中女中教歷史。張老師在近史所的同事熊秉真曾對張老師說：卞金秀是她中女的歷史老師，從這看來，似乎她的教學頗為成功。

42 張老師表示許多華人負笈出國，都改學圖書館學，蓋學位易取得且容易在美找到工作，像李華偉、宋楚瑜均是如此，因此管赴美改習圖書館學也是意料中的事。

43 義安理工學院原名「義安學院」，後改名「義安工藝學院」，一九八二年改成今名。

張聞綉

張聞綉是臺東人（按：通訊錄記載為新竹新埔客家人），畢業後回鄉任教臺東女中並在該校退休。其夫婿原是臺東縣議員，後選上議長、縣長，[44]因此她成了縣長夫人。

黃寧與楊石磐

黃寧與楊石磐是史地系四五級唯一的班對。楊石磐是臺南人，黃寧是外省人（福建龍海），黃父黃天爵是僑委會副委員長。這段聯姻就是大四畢旅男、女同學融冰的結果，結婚時還是請張朋園老師擔任介紹人呢！

研究所時期的同學張老師幾乎都已斷了聯繫，其中印象較深者有：

---

44 經比對臺東縣的議長及縣長名冊及年紀，張聞綉的夫婿可能是蔣聖愛。

陳幼睿——早逝的才情

陳幼睿頗富才情，廣東人，師院國文系四三級畢業，與張老師同入第二屆國文研究所，讀圖書館組。當時陳已經是小有名氣的詩人（新詩），筆名陳慧，出版了些散文、詩集，深得梁實秋先生的欣賞。

研究所畢業時，師大準備聘陳幼睿為專任講師，不過希望他先在本校圖書館服務兩年，再行任教，未為陳所接受，並遠赴婆羅洲的僑校任教兩年，之後輾轉赴美讀書。約莫一九六四、一九六五年間，張朋園老師在紐約Broadway大道上巧遇陳幼睿，方知他在紐約。嗣後，或許由於感情與學業都失意下，一九六六年陳幼睿於紐約洛克菲勒中心（Rockefeller Center）跳樓自殺，由黃養志出面辦理後事。[45]

45 內容亦可參見徐乃力，〈大時代中的小人物——徐乃力八十自述〉，頁一一三—一一四。其實這兩篇關於陳幼睿的許多點滴細節，是張朋園老師與徐乃力一同回憶、建立起來的。

張老師回想起陳幼睿，還是十分的惋惜。當年兩人私交甚篤，陳常跑到張老師南海學院的宿舍聊天、泡茶抽菸，好不快意。

余國基、周俊富、皮述民

余國基在新聞方面頗有發展，歷任《中國時報》、《臺灣時報》、《蘋果日報》等多報的總編輯。周俊富是圖書館組，對學界最大的貢獻是編輯了一批宋、元、明人的「傳記資料索引」。皮述民則是張老師結婚時的伴郎。此人多才多藝，不但是有名的圍棋高手，也是當時師大籃球校隊，主打中鋒。他後來的學術成就主要在紅學方面，曾在新加坡南洋大學與國大任教，後回臺灣執教於文化大學。[46]

46 皮述民的資料可見許媛婷〈另闢紅學新蹊徑——皮述民教授於紅學之研究及成就〉一文。網址：isbn.ncl.edu.tw/NCL_ISBNNet/C00_index.php?Pfile=761&KeepThis=true&TB_iframe=true&width=900&height=650。

出掌所務的點滴與興革

一九六一年起，張朋園老師開始了中研院近史所的工作。從一九七三年起，回到母校系上兼課，一九七七年繼李國祁老師接任所長。

師大歷史研究所是一九七〇年八月成立，首任所長為朱雲影老師，隔年開始由李國祁老師接任。一九七六年，張宗良校長要李老師出掌文學院，李老師便與張朋園老師相商回母校幫忙，兼理歷史研究所。原本張老師因健康因素不願擔任行政職務，但在近史所內師大系友紛紛鼓勵的情勢下，令他無法拒絕，遂以一年為期應允，希望李老師屆時能物色更好的人才管理所務。豈料接手後便無法卸責，一做四年，從開辦暑修班到博士班、由兼任所務到接管系務，直到一九八〇年以赴美客座請辭。[47]

[47] 張朋園老師於一九七七年二月正式擔任歷史所所長，一九七九年八月系主任王家儉老師赴美哈佛大學進修，系務遂由所長張老師暫代，隔年二月真除，自此歷史系、所主管合一；一九八〇年八月張老師赴美客座，系務由李國祁院長代理；一九八一年二月，林明德老師接掌所務。以上人事參見國立臺灣師範大學歷史學系，《國立臺灣師

在歷史系工作期間，張老師對所（系）務工作的重點為增設博士班、延聘中研院及海外師資、邀請專家學人講演、提升專刊水平、以及設立系圖書館並增加外文藏書等項：

增設博士班方面，這是校方以及李國祁院長的既定規劃，張老師負責執行。他變更考試內容，強調研究計畫的審查及語文能力，特別以外語能力作為入學考核的標準，主要是英語或日語的閱讀能力。[48]

延聘師資方面，李國祁和張朋園老師都認為辦博士班是為了造就人才，沒有人才國家未來哪有希望？由於張老師在近史所服務、亦在美進修過，因此計畫延聘一些知名學者來兼課。首先是開設經濟史方面的課程，[49]聘請侯繼明、劉翠溶、王業鍵等教

範大學歷史學系概況》，頁一、二。張老師表示，他的身體並不好，接掌所務後每日通勤，對身體及研究都甚有影響。當時開辦暑期師資班，大熱天上課的積勞引發了心律不整，因此便想辭去行政職務。到了系所合一時期工作量大增，他與黎安友（Andrew James Nathan）相商，獲得哥大的聘書及Fulbright Foundation的獎助，因此向校方請辭兼職赴美客座，總共在師大歷史系所服務三年半。

48 老師當時對博士班的設想是，入學前必須有一種外語的閱讀能力，而在學期間增加第二外語的閱讀能力。這是他所堅持而新增加的入學考試門檻。

49 老師表示傳統中國的史學研究偏重政治史，經濟史較無探究，但他那時感到學風似乎有些改變，因此規劃了經濟

授，[50]另外，思想史的墨子刻（Thomas A. Metzger）似乎之前就受聘在師大任教（在大學部、研究所授課），順勢請他到博士班開課；其他海外學人如汪榮祖、汪一駒，國內的學人，則有史語所之陳慶隆、管東貴、毛漢光等老師。

學術講演方面，為了提升學術研究，張老師在歷史系、所主管任內共舉辦廿一次的專題講演，計國外學人七次、國內學者十四次。

提升專刊水平，「專刊」是指《臺灣師大歷史學報》，一九七三年由李國祁老師開辦，剛開始時主要稿源來自系上及近史所研究人員。張老師接手後主編四期，致力於向校外徵稿，拓增外稿比例，並建立審查機制，以提升素質。老師且表示迄今系上每期《學報》都會寄給他參考，希望他能講求品質，繼續地維持下去。

設立系圖書館並增加外文藏書方面，張老師掌理所務時開辦了系所圖書館，初期書籍來源來自贈與。張老師先向ＡＩＴ的附屬組織美國亞洲協會（Asia Society）去

史研究的課程，或許也算開臺灣經濟史研究風氣之先。

50 王業鍵院士當時在臺大授課，因此彈性地讓同學去臺大上課，並能修得學分。

信，希望其能協助徵集學術專著贈與師大歷史系成立圖書館，結果該會捐贈了百餘冊歷史相關的著作。此外，也向海外學人徵求贈書，系裡願意支付郵資，結果透過王業鍵院士，得到其同事美國Kent State University的Harold Schwartz教授協助，捐贈藏書兩箱。這兩批書籍，就成為師大系圖的基本外文藏書。

在一九七三年至一九九二年這段長達廿載的師大歷史系教學生涯中，張朋園老師主要教授〈中國現代史〉及〈中國區域現代化〉兩門專題研討課程。最初只有〈中國現代史〉專題討論，與張玉法院士合開，之後才新增〈中國區域現代化〉專題討論，這與老師在近史所的研究有關，因那時近史所有兩期「中國區域現代化」研究計畫，其概念是「Western Impact and China Response」，探討西力衝擊下中國反應失敗的原因。參與者各選擇一省作為現代化的比較研究。張老師在第一期計畫中選擇的是湖南省，已有專著出版；[51]第二期選擇的是雲貴地區，則有數篇論文發表。

[51] 張朋園，《中國現代化的區域研究——湖南省（一八六〇－一九一六）》（臺北：中央研究院近代史研究所，一九八三）。

博士班的籌設及第一屆增額錄取的秘辛

一九七七年張老師擔任歷史所所長所面臨的第一要務就是成立博士班。由於籌備工作繁重，李國祁老師擔任院長後無力兼轄，乃延請張老師協助，所以博士班的創設、招生、課程、師資等事，均由其擘劃。他一共參與了一到四屆博士班的招生，前兩屆向教育部申請兩名博士生員額，第三、第四屆增至每屆三名。

師大歷史所第一屆的博士班在一九七七年四月對外招生，共有十二人應考，[52]包括了臺大、師大、文化等各校畢業的碩士。原先預計的考試方式是筆試「中國通史」與「中國史學史」兩科，共佔總成績百分之三十；另外的百分之七十則是碩士論文審查（口試），張老師將之調整，除了筆試，審查碩士論文、研究計畫外，增加外語閱讀能力的口試。

[52] 據老師回憶，該屆碩士班四十二人應考，錄取名額十人，然實際報到五名。

張老師秉持了郭廷以先生「作研究最低限度需搞好一門外語」的想法，要求博士班入學考需加入語文測驗，分為英文與日文兩種，由張朋園老師和林明德老師分別考核。考試方式是在考場中置一桌，放英語、日語各一段文字及字典，令考生閱讀大概十五至廿分鐘後（可查字典），即席口語翻譯，張老師認為這樣最能看出同學的外語程度。[53]

前四屆博士班同學雜憶

張老師在師大歷史所共招生了四屆博士班，第一屆錄取林麗月、呂芳上、林滿紅三名；[54]第二屆錄取朱鴻與劉德美；第三屆則是劉紀曜、吳文星及鄭亦芳等三位；第四屆是張瑞德、溫振華和陳豐祥。[55]

53 然而老師回憶在第一屆的十二名考生中，全數都選擇英語口譯。
54 老師回憶第二屆博士班只有四名應考，依員額錄取兩名；該屆的碩士班則錄取十二人。
55 老師回憶該屆的碩士班有八十人應考。

第一屆的同學在學術上都表現得極其亮眼，其中更出了兩位國史館館長，張老師感到與有榮焉。

林滿紅

提到林滿紅老師，張朋園老師感到十分欣慰，她後來學術上的成就，也讓張老師感到驕傲。

林老師是個有潛力的學者，在學習期間的認真，讓張朋園老師印象深刻，他以「分秒必爭」來形容林老師拼命的程度。教育部有份哈佛同學會的獎學金，大概有五萬美金供學子申請赴哈佛留學，約在博三時林老師去申請，教育部次長李模來電詢問她的情況，張老師答稱「李次長，您可是問對人了」！遂把林老師用功的情況和英語程度不錯等事告知並且極力推薦，也因此林老師在師大與哈佛都取得了博士學位。張老師表示她在哈佛及師大的博士論文都極有見地。林滿紅老師畢業後遂為近史所呂實強所長延攬，成為張朋園老師的同事。張老師認為林老師的每篇論文無論在史料或立論上都很紮實，交卸國史館館長後專注於研究，未來仍可期待其研究成績。

林麗月

林麗月老師是張老師接任所長時的助教，所上大部分的事務，尤其是公文書的撰寫、往來，都倚靠她辦理，也因此分擔了所長的案牘勞形。林老師給張老師最深的印象就是她文字功夫好、行政能力極強、擅長寫八行書、字也寫得極好。

張朋園老師透露林老師之所以在歷史系任職，其實是有段故事：因為她的字跡娟細工整、詞章老練，讓看過公文的張宗良校長為之讚賞，覺得是不可多得的人才，特地詢問李國祁老師，遂補為正式的助教、講師。

呂芳上

張朋園老師是呂芳上老師博士論文的指導教授，後來更成為近史所的同事。

呂老師在當年以能幹出名，在黨史會可能已升至總幹事之職，不過他仍毅然地要到近史所作研究工作。[56]張老師還記得在指導呂老師的論文時，特地要其加強社會科學的理論，後來呂老師在學術上的成就、行政上的事功，也讓張朋園老師感到驕傲。

劉紀曜、吳文星、鄭亦芳、陳豐祥

第三屆博士班的同學中，鄭亦芳畢業後到中山大學任教，早逝，未能在學界發光發熱。

劉紀曜老師大概在博三、博四時接任系上助教。張老師認為他的性格沉著，英語不錯，曾譯墨子刻的著作，頗為合宜；研究做得不錯。

吳文星老師則是日文不錯，行政能力很強，張老師曾請他接待日本來訪的學人，陪同參訪。張老師認為吳老師的性格外向積極，也因此在學界頗為活躍，擔任許多的行政職務。

56 關於呂芳上老師到近史所的經過，可參呂實強，《如歌的行板——回顧平生八十年》（臺北：中央研究院近代史研究所，二〇〇七），頁三四七、三四八。

陳豐祥老師是第四屆的博士生，本在中學任教，碩士畢業後考上博士班，約莫是張老師擔任系所主管的最後一年，系上剛好出缺，遂補為助教，進入師大服務。

原文刊登於《臺師大歷史系電子報》第三十三、三十四期（二〇一五年三、四月），由博士班倪孟安同學採訪。

張玉法

張玉法院士，1936年生於山東嶧縣，1949年來臺，畢業於國立臺灣師範大學史地系、國立政治大學新聞研究所及美國哥倫比亞大學歷史研究所。1964年進入中央研究院近代史研究所從事研究工作，潛心治史三十餘年，其間並曾任教於臺灣師範大學、政治大學、臺灣大學等校之歷史研究所。1985-1991年，擔任中央研究院近代史研究所所長，1992年當選中央研究院院士，主要著作有《先秦時代的傳播活動及其對文化與政治的影響》、《清季的立憲團體》、《辛亥革命史論》、《民國初年的政黨》、《中國現代化的區域研究——山東省（1860-1916）》、《近代中國工業發展史》、《近代中國民主政治發展史》、《中國現代政治史論》、《中華民國史稿》、《中國現代史》、《中國近代現代史》等十餘種，另有論文百餘篇。近年受東華書局之約，從事《中華通史》之撰寫。

本次訪談的重點是張院士從學生時代到從事研究工作的心路歷程、對史學的種種省思，以及給後輩學者的勉勵。

壹、緣起：學生時代

背景：大學校系的考量

我讀的中學是臺灣省立員林實驗中學。這個中學是怎麼來的呢？民國三十八年，政府從大陸撤退來臺，我是隨著我所就讀的中學來臺的。我祖籍是山東省，山東省有一批中等學校流亡學生到臺灣來，有高中生，也有初中生。到臺灣之後，高中生差不多都當兵去了，政府叫他們當兵。我那時候才初中一年級，政府繼續讓我們讀書。我最初是在澎湖馬公讀書，民國四十二年學校遷到彰化員林，叫做「教育部特設員林實驗中學」。那時候教育部沒有錢，養我們一個中學很不容易，後來就把我們學校改為省立，叫做「臺灣省立員林實驗中學」。

高中畢業的時候，要考什麼系，實際上沒什麼概念。當時我對歷史比較有興趣，我是一個人到臺灣來，生活無著落，師大有公費，就決定考師大史地系。

史地系課程複雜，導生關係密切

那時候史地系的課是非常複雜的。史地系分兩組：地理是一組，歷史是一組。但是歷史組的人要修一些地理課程，地理組的人要修一些歷史課程。現在很多課是選修的，那時候很多課都是必修的，如大一國文、大一英文、國音、哲學概論、三民主義；師大還要修教育學分，如教育學、教育心理學、教學實習等。課程非常多，每一學期都要修二十多個學分。

我印象比較深的老師，中國史方面，上古史有朱雲影老師，朱老師比較親切，老師對學生親切，學生就比較喜歡跟他親近，我們常到他住的地方去看他。另外教中古史的李樹桐老師、教近代史的郭廷以老師等，給我的印象也很深刻，因為李老師對李世民殺兄奪位很有研究，郭老師對學生很嚴格。那時候我對近代史還沒有什麼興趣，對古代史比較有興趣，所以跟朱老師的來往比較多一點。西洋史方面，有兩位老師對我影響最大，一位是張貴永老師，張老師上課不用講義，知道的很多，講西洋近代史如數家珍。另外一位是曾祥和老師，曾老師開「西洋史名著選讀」和「西洋上古史」，講話風趣。那時候每班有一個導師，曾老師是我們的導師，拿到小小一點導師費，還請我們去碧潭划船。我選上院士的時候，能聯絡到的老師只有曾老師，我約了幾位同學陪我一起去謝師。

時間管理重要，閒暇加強自修

讀師大的時候，雖然課很多，但應付功課不是很困難。那時候老師跟現在不一樣，很少老師開參考書叫你去看，因為沒有什麼書。老師講課時，就抄筆記，把筆記背下來就可以考試了。有很多同學寫字比較慢，記不下來，還借我的筆記去抄，有時借來借去不見了。筆記不見，是被不願轉抄的同學拿去看了，考完試就回來了。反正我覺得應付功課還好，三分之一的時間就夠了，其他時間可以自己來用。師大公費只發伙食費，在臺灣沒有家庭的同學可以申請免費住宿舍，但生活零用、買書、朋友往來，還是需要錢，所以晚上有時候去做家教，有時候去為外校的教授搜集資料，賺點外快。白天除了修課，就是到圖書館。我什麼書都看，哲學的，科學的，文學的；我對文學還有點興趣，常常投稿。當然，還是二十五史、通鑑方面的書看得比較多。

大學最重要的是學到如何「做學問」

大學對我最大的影響是知道什麼樣是「做學問」。當時我幫國防研究院的一位教授做助理，他參與編修《中國歷代戰爭史》，經朋友介紹，他叫我做助理。他給我一個題目，我給他寫個草稿，他再來改。史地系的老師中，我剛才提到李樹桐老師，他寫過一篇有關玄武門之變的文章，根據《大唐創業起居注》否定一些新舊唐書的說法。他告訴我們，很多歷史問題需要不同材料去做不同的研究。以前覺得歷史就是這樣，大家寫的都一樣，實際上現在所了解的歷史知識也不過是目前的人所了解的，也許以後會有新的研究發現，也許事實不是這樣的。

中學講課千篇一律，萌生繼續進修想法

那個時候師大規定畢業之後一定要分發服務，去中學教書。去哪裡教書，依你的畢業成績來填志願。大家都喜歡留在臺北，留在北部。我那時候成績還可以，想留在臺北，但沒有留成，後來就到了基隆。在基隆中學實習一年，又去當了一年預備軍官，回來再去基隆中學教書，教了三年。

後來發現教書有一點無聊。教中學都是一個進度，像我教歷史，或教地理，一教就是九個班。每週十八節課，九個班都是一樣的。在這個班講這一套，到那個班還是講這一套，所以覺得滿無聊的，就想回學校去進修。

那時候歷史研究所只有臺大一個，其他的學校都沒有。臺大比較喜歡收臺大畢業生，其他學校的學生很難考進去，所以就去考政大新聞所。我考新聞所，跟中學一段經歷有關，我在中學時編校刊，跟報紙、雜誌的工作差不多，所以就想到去考新聞所。

研究所時期興趣仍在古代史

那個時候的近代史，不只我個人，整個史學界，包括老師、同學，都不大敢碰。不敢碰的原因是：第一個，當時是戒嚴時期，禁忌很多。早期的戒嚴比後來厲害多了，國民黨不能隨便寫，孫中山、蔣中正更不能隨便寫，動不動就說你思想有問題。第二個就是那時候資料沒開放，近代史資料都看不到，不管國民黨黨史會的檔案，還是國史館的檔案，幾乎都不開放，所以沒辦法做研究。我在政大新聞研究所的時候，論文寫的還是古代史，題目是〈先秦時代的傳播活動及其對文化與政治的影響〉。

貳、追尋：初入學界

因緣際會進入近史所

政大新聞研究所畢業之後，就不想再回中學教書。那個時候跟現在不一樣，研究所很少，拿個碩士就不得了了，就不想教中學了。本想進報館，曾去考《中央日報》記者，但報名表要填黨證號碼，我沒有。後來沒辦法了，我就去找朱雲影老師，朱雲影老師說：「你可以去找郭廷以老師。」郭廷以老師那時候正在籌備近代史研究所，他是籌備主任。

郭先生非常嚴肅，他跟同學不太往來，大家都很怕他。他上課的時候前三排是沒有同學的。我就跟朱老師說：「郭老師？我跟他沒什麼往來啊！」

他說：「我也與他很少往來，但他不講什麼人情的，你把政大寫的碩士論文拿給他看。」

我說：「我寫古代史啊！」朱老師說：「古代史沒有關係，他看到你程度好，就會用你。」

因為沒有別的地方好去，有一天就硬著頭皮給郭先生打電話。

我說：「我有一篇論文想請老師指教。」郭先生說：「什麼論文？」

我告訴他，他說：「好吧！你拿來吧！」那時候他住在和平東路的教職員宿舍裡，他住的房子有一個竹籬笆，大門開在靠近巷道的竹籬笆中間，有一個破舊的木門。有一天我到了郭先生門口按門鈴，郭先生出來了，我把論文拿給他，他都沒讓我進門。

他說：「回去吧！我看看論文再說。」大概一個多禮拜，他找人通知我到近史所談一談。我到近史所看到他，談了幾分鐘，他說：「明天就來上班！」

近史所肇建，為臺灣推進學術交流

那個時候臺灣很窮，我們的政府不是接受美援嗎？我們近史所也接受美援。最初臺灣沒什麼近代史研究，為什麼沒有？就是因為剛才提過的：禁忌太多，史料不開放。那為什麼要特別設一個所來研究近代史？因為那時候美國史學界熱衷於研究近代史，為什麼熱衷？因為中國出現一個毛澤東！中國突然之間變成世界的威脅了。原來中國很弱，帝國主義都來壓迫中國，毛澤東起來把所有帝國主義國家都趕跑了，而且還要跟著蘇聯搞世界革命，後來打韓戰、打越戰，弄得整個亞洲不安，所以大家都要來研究，這個中國到底是怎麼樣起來的。外國學者對近代史非常有興趣，但是我們臺灣沒有人可以跟他們對話，因此就成立近代史研究所。成立近代史研究所，史語所有人反對，說：「歷史還有什麼近代史、古代史？所有歷史史語所都可以研究；你們要研究近代史到史語所來就可以了，為什麼要成立近代史研究所呢？」反對的人不知道，近代史研究所是在院士們的建議下成立的，它的特殊任務就是專門推動近代史研究，並跟外國學者做學術交流。

學徒「基本功」奠定往後研究基礎

我進入近代史研究所以後，最初沒有正式做研究工作，主要是當學徒吧！當時近代史研究所的主要歷史材料是自外交部接收到的一批檔案，最有名的是「總理各國事務衙門」檔案。總理衙門是咸豐十年（一八六一）成立的中國第一個外交機構，也是一個洋務機構，很多老同仁都在整理這些外交檔案。

郭先生約我來近史所面談的時候，也約了我的一個中學同學來，他是臺大畢業的陶英惠先生。郭先生為什麼約他來呢？因為在雜誌上看到一篇文章，陶先生寫的，討論太平天國的事情，他看了很欣賞，就叫這位年輕人來。我們兩個先後到了郭先生的辦公室，碰面時出乎意料：「你怎麼也來了！」與郭先生談話之後，我們兩個就一起進入近史所工作。

那時候剛進來的人，基本上做幾種工作：第一個是編檔案，我也編過檔案，工作是標點檔案，因為以前的檔案都沒有標點符號。第二個就是做口述歷史，現在做的人很多了。我做的第三個工作是調查史料，曾經到國民黨的黨史會資料庫，那時候在南投草屯，我在那裡住過半年。我對近代史資料了解比較多，開始時得力於我在草屯的半年。我還負責過在報紙上搜集近代史資料，近代史跟報紙有關係，報紙上有很多史料，有的是報紙刊布的史料，有的是當代重要大事。郭先生說：「你看哪些有史料價值，就把它選出來，用紅筆勾出來，找工友剪下來貼到一張紙上，你再把它分類，分成政治、經濟、外交、學術之類，然後把它裝起來。」那時分類剪貼的報紙資料，現在都不曉得丟到哪裡去了。

為了採集史料，各方面的工作都要做，我還到臺灣各大圖書館去抄圖書卡片，看看這個圖書館有些什麼近代史的書。我覺得這訓練很好，透過這些基本訓練了解很多東西。

差不多經過兩年，郭先生就說：「現在可以做研究了，你可以找一個題目做研究。你的學長們（因為那時候來近史所的，師大畢業的比較多）都編清朝檔案，你就做二十世紀史的研究吧！」

參、對話：赴美進修

美援資助，哥大留學

美國學術界聽說臺灣要成立近代史研究所很興奮，他們願意資助這個所的發展。美國有一個福特基金會（Ford Foundation）先後資助我們十五萬美金，十五萬美金那時候太大了！這十五萬美金幹什麼呢？第一個就是買史料或編史料，第二個就是要所裡的研究人員出國進修。因為臺灣那時候的教育不是很發達，到研究院來的幾乎都是大學畢業生。近史所的第一個碩士是自美國回來的碩士王萍女士，她是研究明清之際天文曆算的。郭先生拿她當寶貝，只要有外國學者來，一定會把王萍小姐叫來，介紹給這些外國學者：「她是威斯康辛（University of Wisconsin）大學的碩士！」

在外國學者看來，近史所的研究人員一定要進一步訓練，一定要讓他們出國進修，或者是讓他們出國去看一些國外的材料。因為福特計劃有一部分經費送同仁出國進修，我就是在這個計劃之下到美國哥倫比亞大學（Columbia University）進修。那時我還年輕，年輕人要讀學位，就給你一年零九個月的公費，一個月是三百塊美金。三百塊很多了，三百塊換算臺幣是一萬兩千塊（我當時的薪水是一千兩百塊），一百塊是四千塊。就在那個計劃之下，而且只有一年多的時間，我在哥倫比亞讀一個碩士就回來了，必須回來，沒有錢了。

在我看來，美國的碩士沒有早期臺灣的碩士程度那麼好，因為美國培養人才的重點是博士，碩士只是一個過程，基本上只要用功一點，大概一年就可以完成。我的課修了一年沒有修完，因為前半年英文不好，還要花一些時間學英文，英文學了半年，考試通過了才能選課。所以我頭半年幾乎沒有選什麼課，到第二學年選課的時候，要交學費，學校說：「第二年不要交學費了！你是一年級的學生，第一年沒修完就第二年繼續修，不要再交學費。」

中西教學差異？國家大事件 vs. 鄉村小案件

在美國最大的發現是，我們西洋史的程度太差，他們中國史的程度太差。教中國史的老師們都將就美國學生，教得非常淺，雖然是研究所的課，我們聽起來都是一般性的。那個時候我雖然對近代史還沒有太多了解，也覺得老師所教的沒什麼特別的。但當我修西洋史的時候，就覺得在國內學的西洋史太簡單了。

我出國的時候已經寫了一本書稿，叫《清季的立憲團體》，既然研究憲政運動，英國是憲政最早的國家，我就選了一個「英國憲政史」。完全出乎意料，老師講的完全不是我所想像的憲政史，幾乎都是講鄉村、小城市裡面一些法制問題，非常細。所以我寫的研究報告，雖然參考了很多書，在老師看來題目都太大。美國學生所寫的都是一些鄉村發生的小案件，我卻寫一個國家的大案件，老師覺得這不像一個研究報告。美國史我也修過，美國的歷史雖短，但寫得非常細，每個州都寫得很細，我怎麼會了解那麼多？在美國這段時間，最大的影響是了解到世界的史學行情，覺得自己要有一個選擇。

回歸歷史本行，不做社會科學的註腳

西方的歷史學者有兩派，一派跟中國差不多，就是找歷史材料寫歷史故事，他們叫「敘述的歷史」（Narrative history），只要你的史料能證明你要論述的問題，把歷史的事實敘述清楚就可以了。另外一派就是社會科學派，一定要找一些理論，把歷史的事情給它一個模子，它是一個什麼pattern，就套不同的理論進去。或在論述歷史的時候，注重分析，不注重史事。這一類的歷史，叫「分析的歷史」（Analytical history）。我的老師韋慕庭先生（Clarence Martin Wilbur）反對這一套，認為歷史是把一件事情講清楚就可以了，把資料找夠就可以了。

一般年輕人都喜歡社會科學的東西，社會科學的東西在我看來比較容易引起人家的興趣，但也比較不容易像司馬遷的《史記》那樣，成為永垂不朽的歷史著作。許多社會科學的史學著作，風行幾年就沒有了。中國傳統史學注重基本史實的重建，許多著作，過幾千年也沒辦法否定它們的存在。有些社會科學的歷史著作有一個問題：專找有利的證據，對他沒有利的證據就不要了，所以看到的東西只是一個面。我是主張把各派的資料都拿來看，最後做一個判斷。我也受到社會科學的影響，從美國回來之後介紹了一些新觀念給國內的學者，提倡把統計學和心理學的方法，用在歷史的研究上。電腦的發明，使大量史料的統計分析不需完全靠人工，促使統計方法的普遍使用；佛洛伊德（Sigmund Freud）的潛意識理論，促使心理學方法的普遍使用。這些當時在美國是很流行的。心理學方法有些年是滿流行的，現在風氣都過去了；統計學的方法還在應用。我覺得歷史還是回到歷史本行，不為社會科學家的論述作註腳。近史所以前推動過中國現代化的區域研究，常常找一些社會科學家來講演，經濟所的副所長劉先生說：「我們合作來研究經濟史，你們幫我找材料，我來寫。設法把經濟是成長還是衰退找出來，其他的資料就不要了。」我就反駁他，我說：「歷史是一門獨立的學科，不是你們的附庸吧？不管成長、衰退，發展經濟的過程本身就是歷史。」歷史學可以借用社會科學的方法，參考社會科學的理論，基本上跟社會科學不一樣。

史學方法受科學的影響很深，胡適提到「大膽假設，小心求證」，就是科學的方法。歷史學在方法上是要科學的，但是未必要去套什麼理論，只要被一個理論套住了，就走不出來了。最吃虧的是中國大陸學者搞唯物史觀，他們寫了幾十年的書，現在很少有人看了。

肆、典範：研究之道

突破時代限制，研究晚清立憲

我最初的構想是要研究政黨史，從民國初年研究起。因為我從小就經歷國共兩黨鬥爭，後來被共產黨逼到臺灣來；想研究政黨史，了解底蘊。研究民國初年的政黨時，發現很多政黨都是從晚清革命、改革這兩派演變來的，所以必須要追溯這個源流。第一個先追溯立憲派，就是梁啟超這一派。那時候近史所的張朋園先生在研究梁啟超，後來他又研究立憲派，都是以人物為中心。在他研究立憲派的時候，我就研究立憲團體，因為政黨是從團體開始的，所以我就從立憲團體的角度去研究。我們研究立憲派、立憲團體還有一個考慮，以為國民黨的干涉會比較少一點，後來發現不是這樣，國民黨有關人士很關心我們怎麼樣寫立憲派，因為立憲派一向跟革命派對抗。

張朋園先生研究梁啟超期間，成功大學歷史系請他去講演，他要講梁啟超，系主任一看到海報，就說這不可以講，趕緊把海報撕下來，他說：「梁啟超是國父的敵人啊！怎麼可以公開來宣揚梁啟超！」你看，那個時代就是這樣。我和張朋園先生研究立憲派，國民黨黨史會裡有的先生們就說，他們是革命派。我們研究院的人是立憲派；他們對我們研究立憲派很有意見。

我到美國進修之前，把《清季的立憲團體》稿子寫了出來。早期同仁的稿子都是郭先生自己看、自己改。後來人多了，他就沒有時間看，我的稿子他找了朋友看，朋友說寫得很好，可以出版。但我還是沒什麼信心，既然有機會到美國去，我就想到美國再找一些材料，再改一下。所以那本書等我從美國回來才出版，出版這個書本身沒有受到什麼挫折。

寫完立憲派就寫革命派，寫革命派對我來說比較容易，為什麼呢？因為我在草屯國民黨黨史庫待過半年，抄了不少資料。國民黨黨史庫的資料雖然比較敏感，不輕易讓人看，更不能隨便抄，但是像辛亥革命這一段，基本上他們比較放心，沒有什麼大的禁忌，所以我抄了很多資料，而且我在留學美國期間，也搜集了一些資料，基本上材料幾乎都搜集好了，寫革命團體的時候就比較順。

但是寫好之後，所長王聿均先生看了之後不敢出版，他說：「有些地方你說得太直了吧？」我說：「太直了？冒犯了什麼？」

他說：「你說孫中山先生網羅了一些流氓去革命啊！這個對孫先生不好。」我說我是根據國民黨黨史庫的材料。他把我的書稿壓了半年，後來也出版了。後來政治漸開放，所裡的經費漸充裕，研究工作愈來愈能開展，就不多說了。

研究熱忱不減，退休時間不夠

做研究是這樣的：你必須執著這個工作。我覺得做研究本身是一件非常值得投入的事情，但是對某些人來說，把他關到一個研究室裡面，面對的就是書或檔案，會覺得很無聊吧！所以就要看你有沒有這種興趣，或者你的性格是不是適合做。假如覺得這些事情很無聊，你最好不要走研究的路，勉強的話也做不好。實際上進入研究院做研究的人，不一定每個人都能做出研究成績來，可能跟自己的興趣有關，或者是投入的時間不夠。所以必須要看自己的個性，考量自己是否可以投入這個工作。

我有很多朋友退休了，有人是在研究院退休的，有人是公務人員、中學教員或大學教授退休。退休以後要幹什麼？我有一個朋友說，可以睡到自然醒，但醒來不知何處去。假如你對研究有興趣，就不會有這個煩惱，甚至覺得時間不夠用。

一諾千金，執筆寫通史

我退休之後，有一個稿債還沒還清楚。我曾經答應東華書局寫一部《中國通史》，作為大學用書，我曾為東華寫過幾本現代史、近代史的書，因為銷路不錯，東華老闆卓先生說：「你再給我寫一部《中國通史》好了！」我當時不敢答應他，我說：「我這幾十年研究的只是近現代史，你叫我寫近現代史還好，叫我寫中國上下五千年？這得下十年功夫。」我不敢答應他。卓老闆請我吃好多次飯，也送了好多禮來，我都不敢答應他。有一天他又請我吃飯，拿一份合約來，說：「張教授，請你給我簽個字好嗎？我已經求你那麼多次了！」我說：「卓先生，我真的沒有時間幫你寫，我現在也沒有這個能力。」

他說：「你看，我都沒有寫交稿日期，你什麼時候寫好就什麼時候給我。」卓先生這麼有誠意，我實在覺得不好拒絕他，我還跟他開玩笑：「簽字可以啊！但恐怕要到退休以後再寫了！」他說：「沒關係，你有時間再寫。」在這種情形之下，我簽了字，但簽字之後就一直沒有時間寫。

退休之後，就想開始寫。我以前在師大、政大、臺大兼過課，後來因為事情多，就不兼了，差不多有十年沒兼課。等我退休了，政大文學院院長和歷史研究所所長來找我，說：「你現在退休了，沒有事了，可以來幫我們上課嗎？」政大要聘講座教授，校長也跑來了。政大是我的母校，負責行政的人這麼有誠意，我答應教三年課。這三年課因為是講座，不能拿以前的老講義去講，要重新準備講義，結果三年又沒有辦法寫《中國通史》。

就在我做講座教授的最後一年，就是第三年，我突然在報紙上看到東華的老闆卓先生在上海過世了。我覺得非常慚愧，答應他的事情沒有能夠在他生前完成。我就決心什麼事都不做，任何人找我做什麼都不做，把《中國通史》寫出來。我打電話給東華，我說：「卓先生過世了，我還欠他一本書，你們還要不要？」卓老闆的太太一聽到這件事就馬上請我吃飯，知道她先生還有這麼一個遺願。她說：「張教授，你一定要幫他把這本書寫出來！我們全力支持你，一定把它寫出來！」既然這麼願意支持，我就想到中華民國在臺灣六十年，還沒有一套比較大的《中國通史》。中國大陸出版的大套《中國通史》，大概可以擺滿一整排書架；是用馬克思的歷史五階段來架構中國通史。我對卓太太說：「假如你們要我寫的話，我準備把這本書寫長一點，可以寫個五卷本，分段把這個通史寫出來。」卓太太非常熱心，她說：「沒問題！我們全力支持你。」所以我就開始寫，把所有其他的工作都推掉了。因為現在很多人對「中國」的概念不清楚，就把這部書定名為《中華通史》，已出版到第二本。第一本從遠古寫到東漢，第二本寫三國兩晉南北朝，現在第三本隋唐五代也快出版了。第一本六百多頁，第二本七百多頁，第三本比較長，大概有一千頁，現在開始寫第四本。

我希望能夠利用退休的年月，把這套書寫出來。因為是一個人寫通史，沒有那麼多的精力，中國大陸學者寫大部頭的通史，都是很多人一起寫，我是完全一個人寫，連助理都沒有。基本上是用《資治通鑑》、《續資治通鑑》一類的材料，再參考《廿五史》裡面的材料，以建構基本史實為主。

史學風潮轉變？「大歷史」對話困難

我這裡有一套《中華民國建國史》，是怎麼修起來的呢？大概在七〇年代初，那時候兩岸還沒有學術交流，突然之間大陸傳出來消息，說他們要修中華民國史。這邊國民黨當局很緊張，教育部也緊張，說：「我們中華民國還沒有亡，為什麼要修史！」政府有關方面一直有一個禁忌，就是國家還沒有亡，歷史不能修，一定要國家亡了之後才可以修，這是很荒唐的說法。史學界向有關方面建議，說：「中華民國史由我們自己來修！」國民黨黨史會和教育部就緊急召集我們一些學術界的人，說要在大陸修好之前，我們要先修出來，但我們不能叫「中華民國史」，我們叫「中華民國建國史」，因為還在建國當中，所以修了這一套。現在想修中華民國史就很困難了，因為現在年輕一輩的學者，都是做非常小的題目，而且大都不做政治史、經濟史，都做文化、生活方面的一些小事情，有許多學者只做臺灣史，叫他們寫中華民國史，他們不一定有興趣。

我也問過一些年輕同仁：「你們為什麼不做大的題目？」他們半開玩笑地說：「大的題目統統被你們寫完了！」實際上，我覺得可能是史學的學風改變了，大家對於政治上的事情沒有興趣，比較注重生活上的瑣事，對於什麼國家、民族，不太關心。這種風氣，當然是受到西方史學的影響。我們算是後現代化國家，後現代化國家的人比較喜歡搶鋒頭，一看到外國有人走到一個新方向去，就趕緊跟著人家走；實際上，絕大多數的西方歷史學者還是做大題目的。

中國大陸的史學界有民國史熱，他們的民國史為什麼會熱起來？很簡單，因為第一個，中國共產黨史沒辦法研究，禁忌很多，資料完全沒有開放，跟國民黨不一樣，國民黨的檔案都開放了，他們完全不開放。要真正能夠客觀去研究近現代史，大概就是研究民國史，所以有民國史熱。第二，中國共產黨雖然在大陸把中華民國政府打敗了，但是大陸的年輕一代對他們國家的政治現狀非常不滿意，他們還懷念民國這一段。民國雖然比較弱、比較亂，但比共產黨統治下的中國自由多了，而且民國出現不少學術大師，中國大陸好像出現不了。所以他們對民國史非常有興趣，年輕人投入民國史研究的人非常多，很多人寫的東西非常出色。

臺灣史學界現在的危機是，對大的歷史問題無法與大陸學者或外國學者對話，大陸學者開會，請來請去都是請我們這邊的中老年學者，因為他們開的會大都是討論歷史大問題的，但臺灣的年輕人很少做這方面的研究。目前六十歲左右的「中生代」幾乎都快退休了，做民國史有成就的大都是政大畢業的，因為政大歷史研究所從成立以來就是以研究民國史為中心的。我在政大教過十幾年書，現在這些中壯代有許多是我的學生，我希望我學生的學生還能把民國史的研究撐下來。

臺師大在培養師資以外應加強研究面向

我覺得師大很可惜，師大在某年被教育部判定為一個訓練師資的大學，不是一個研究性質的大學，這樣就不能翻身了嗎？現在還是這樣嗎？你們讀研究所了，應該鼓勵學校去爭取。師大既然有博士班，當然是做研究；做研究才會爭取到研究經費。

基本上，大學的聲望建基在四方面：第一，有非常有名的教授；第二，有很好的研究設備；第三，有很好的研究成績發表；第四，畢業生在研究上有很好的研究表現或在各行各業出人頭地。很多大學的排名，除了設備、師資以外，就是在國際期刊上發表的學術論文。大學的水準高低，有一個國際標準，自己要能夠想辦法表現自己。我們師大歷史系，不曉得現在的研究重點是什麼？與其他大學如何比？有一段時間很重視近代史的研究，以前李國祁、林明德、張朋園等先生做研究所所長的時候，許多近代史研究所的同仁都在那裡教書，當時研究近代史的學生很多。這當然跟師資有關係，老師開這些課，學生只好選這些課。一個所的研究重心，除了設所目的以外，可能跟所長的領導有關。

「學者」難再尋，「專家」易武斷

現代的大學跟古代不一樣，古代是訓練學者的，現代是訓練專家的，一開始就希望學生專精一門。現在的學問太多了，不可能都有研究，所以你想出人頭地，就要在某個地方鑽進去，如果別人鑽不進去，你就出人頭地了。以前的學者主張博學，天文、地理都知道，古代的知識分子都是這樣的，現在不可能博學了，除了你所學的，別的都不太懂，現在很難有學者，基本上都是專家。

現在的史學跟古代的史學不一樣，現在的史學比較接近社會科學，甚至自然科學，你不可以有自己的情緒在裡面。古代人寫歷史都有自己的情緒，如果讀過司馬遷《史記》就了解，他有自己的情緒在裡面。現在不能有自己的情緒在裡面，一定要非常客觀。此外，古代人寫歷史是通古今的，談到一件事，很快會想到古代什麼事，現在年輕人都不管了。研究明清史的人，就說「我發現這個是中國以前沒有的」，實際上早就有了；又譬如研究臺灣史的人說，這是臺灣所獨有的，實際上是從外面來的。學歷史如果不擴大對歷史的了解，就比較容易武斷，因為對其他的範圍不太清楚。

臺灣歷史教育最大問題：政治操縱

這些年來歷史教育最大的問題，就是歷史完全被政治操縱。民國元年蔡元培先生做教育總長的時候，他就倡導教育獨立，第一，教會不可以干涉，因為西方的教會曾對教育嚴重干涉，哥白尼（Nicolaus Copernicus）發現太陽系，教會不准講，因為宇宙都是上帝造的，不可以隨便說別的。第二，政治、政黨不可以干涉教育，因為中國的教育幾千年來都受政治的干涉。

中華民國成立了一百年了，到現在教育還不獨立。臺灣是一個非常自由民主的社會了，但政黨就是要控制教育，所以這些年來教科書的爭論很大。前兩年歷史科的課綱爭論不下，教育部讓我去當評審委員，看看這兩派到底怎麼樣處理。我那時候還不知道爭論得這麼多，我去主持這個討論，才發現他們完全沒有交集；基本上是兩個國家的爭論，不是兩個政黨的爭論。

前一段時間我在國史館講演臺灣民主政治的發展，我說民主政治在臺灣發展得不錯，但現在最大的問題就是，兩黨輪替在國家建設方向上沒有延續性，若兩個不同的國家輪流治理臺灣，這是很麻煩的。

歷史學家首重獨立精神

歷史學家最重要的精神就是獨立的精神，不受政治、宗教操縱，跟教育獨立是一樣的，不受任何黨派左右，能夠有自己的獨立判斷，這一個精神是最重要的。但是很可惜的，現在有一些歷史學者被政黨利用，自己甘願被政黨利用；他們本身就對政治比較有興趣，只是拿歷史來做工具。臺灣這些年國力逐漸衰退、年輕人找不到好的出路，不是偶然的。

擺脫政治、團隊合作

我對歷史學界最大的期望，第一個是能夠擺脫政治的糾葛，獨立做歷史研究。第二個就是能夠有點團隊精神，大家應該一起合作做一些研究，不要單打獨鬥。單打獨鬥當然是一個方式，但集中人力做一個大型的研究，比較能在學術界引起注意。譬如早年近史所做區域現代化的研究，那個研究計劃國際都知名，世界上還沒有這麼一個做區域現代化的大計劃。現在大家閉著門自己做一些小題目，有時候寫的文章也不錯，但是人家不一定看到你。

學術界也是市場經濟

歷史是非常殘酷的，不管你喜不喜歡中國大陸，在中國歷史的研究上都應跟他掛在一起。因為臺灣太小了，在外面不容易被看見，有時候你可以透過跟他們的學術聯繫，走到世界上去。

現在是市場經濟，學術界也一樣。我本來沒有這個觀念，六〇年代末到美國去的時候，有很多學會的活動和學術會議，我自己的研究還很少，但我同學就拉著我去，我說：「我不要去！許多學者都是洋人，我不認得，我做自己的研究就好了。」

他們說：「你不去，不參加這些活動，誰會知道你？」他們就提到市場經濟的觀念，說這些會議有機會統統要去。當然自己也要做研究，沒有研究是不行的，有研究就找機會去發表。美國有一個普通大學的歷史學博士，自己滿用功的，寫了一些論文，常常去參加學術會議，他的成就被人家發現了，就被哈佛大學（Harvard University）請去教書。你假如整天關在家裡，誰知道你？但假如自己沒有任何的學術研究成績，你去跑也沒有用。

給後輩學者的建議與勉勵

大家既然都考上研究所了，自然願意投入歷史研究。大學期間一般的學科訓練基礎差不多了，進到研究所之後就要選定一個自己喜歡的題目、自己喜歡的研究範圍去開拓它。選一個題目去做，做出來之後再從這個題目向外發展；你自己的學術領域是從一個核心去向外擴展，不能打游擊。你一定要在一個領域上，打下基礎之後，再從這個基礎向外發展研究課題，這樣你就慢慢成為這個題目當中的權威。找一個研究範圍，把時間投進去。現在找材料應該比較容易了，網路也那麼方便了，資料也那麼開放。我聽說有很多年輕的學者，他們的電腦就有好幾個硬碟，很多資料都拷貝在硬碟裡。有一位中年的朋友告訴我說：「我這些硬碟，用好幾輩子都用不完！」做研究就是看誰對這個課題下的功夫多，不要見異思遷。

我有一位同事，幾乎跟我同時來近史所工作，臺大高材生，他大概每幾個月就要換一個題目，題目做著做著，看看寫不出來就不做了，常常換。一直換到退休，他也沒寫出令他滿意的文章來。見異思遷是不行的。

我不是跟別的老師搶學生，我也不教書了，但我覺得民國史研究空間還是滿大的，因為現在所有檔案都開放了。很可惜的，去看的大都是外國學者、大陸學者，臺灣的學生或學者，自己有材料自己不看。

歷史是專門的學問，當然還得有自己的關懷，你要解決什麼問題？你希望這個問題能夠給讀者一些什麼樣的訊息？研究歷史不是自己的娛樂，自己覺得很好玩就去研究，研究了十年、二十年，也許自己很有興趣，對別人有什麼意義？總之，要研究歷史，第一個就是時間的投入，第二個就是對歷史的關懷，第三個是多做學術交流。

柳暗花明又一村：歷史如是，研究如是，人生亦如是

我有一些朋友，特別是退休的朋友，退休之後常常非常焦慮。很多老年人容易焦慮，覺得這個社會怎麼辦啊！年輕人不敢生孩子，剛畢業做事就嫌薪水少，不肯突破困難、努力向上。我就勸他們不要焦慮，我說：「一代人有一代人的辦法，你不要為下一代焦慮，你把自己管好就可以了。」歷史上常常可以看得出來，走一走好像沒有路了，常常柳暗花明，又一條路出來。像我們民國三十八年從大陸到臺灣來的時候，真是覺得要跳海了，沒有地方好走了！共產黨大家都怕，怕得不得了。憑臺灣這一點地方，蔣介石那一點武力，能守住臺灣嗎？真的守不住。突然韓戰爆發了，韓戰一爆發，美國就來了，後來一部分靠美國，一部分靠全民的努力，安安穩穩地生活到現在。

一個人對人生的了解，就是從不同訊息去了解的。現實社會中，你可以了解一些東西，而現實社會很多東西都是從歷史上慢慢演變過來的。所以你讀到的歷史愈多，

你對各種社會的接觸愈多，對人生的體驗也就愈多。

原文刊登於《臺師大歷史系電子報》第十五期（二〇一三年九月），由碩士班吳佩樺、陳逸雯同學採訪。

莊吉發

莊吉發老師，1936年生，臺灣苗栗人。1956年畢業於省立臺北師範學校，1963年則畢業於國立臺灣師範大學史地學系，1969年於國立臺灣大學歷史研究所畢業。曾任國立故宮博物院研究員，國立臺灣師範大學歷史研究所兼任教授，現為國立臺灣大學中國文學系、國立政治大學民族學系兼任教授，講授清史專題究、故宮檔案專題研究、中國秘密社會史、中國邊疆文化史、滿洲語文等課程。著有專書五十餘本，撰寫論文三百餘篇。

早年求學歷程與志向之立定

莊吉發老師，一九三六年生於苗栗，早失怙恃，成長過程艱辛，飽嘗人情冷暖，認識到努力讀書做學問，才有向上發展的機會。然因無力負擔學費，決意報考公費的師範學校。一九五六年，省立臺北師範學校（今國立臺北教育大學）畢業，至天母士東國小任教，三年後又以第一名的成績保送國立臺灣師範大學史地系（今歷史系與地理系之前身）進修。在當時，莊老師優異的成績可以保送任何科系，和許多選讀歷史系的同學們一樣，莊老師因為在初中與北師求學期間，受到歷史老師啟發，決定主修歷史。進入師大以後，最大的挑戰就是必修的大一英文。由於北師沒有英文課，莊老師勤奮苦讀，把英文單字卡放在自行車前方的車籃，利用每日騎車前往師大的時間反覆背誦。除此之外，遍閱圖書館內中文和英文的歷史書籍，發現張致遠教授所譯《西洋通史》內容精彩，文字優美，遂與英文原著逐句參照，加強英文能力。張教授本名張貴永（一九〇八－一九六五），當時在師大開設「西洋現代史」，課堂指定閱讀《十九、二十世紀之歐洲》（*Europe in the Nineteenth and Twentieth Centuries, 1789-1950*）的原文書。這本書並不好懂，但是莊老師很認真地查完第一頁到最後一頁所有的單字，熟讀全書，就連黎東方教授（一九〇七－一九九八）翻閱過老師的筆記之後，也說：「我以你為傲」。後來莊老師又發現王德昭教授（一九一四－一九八二）《文藝復興史》所參考的英文本，相互對照閱讀，如此勤奮用功，奠定深厚的英文能力。後來選修曾祥和教授（一九二〇－二〇一三）「西洋史名著選讀」，每篇英文閱讀材料翻譯都能兼顧信、雅、達，深得曾教授讚譽，日、夜間部的同學都來借筆記參考。

師大史地系畢業之後，莊老師發現自己對學術研究的興趣有增無減，決定繼續考研究所，「去看看怎麼樣做學問」。一九六五年考取國立臺灣大學歷史研究所，莊老師向當時的所長許倬雲教授請教讀書方法，許教授提醒：「師大的學生很用功，很少缺課，但是只知道讀斷代史、背筆記和考試，忽略輔助科學與理論分析的重要性，除了社會學以外，政治學、經濟學、考古學等輔助科學也不應偏廢。」於是莊老師在選修研究所的專題研究課之外，也到大學部選課，從臺大與師大不同的教學風格中，兼取其長，奠定自己做學問的基礎。

就讀研究所期間，莊老師曾經到國立故宮博物院參觀「雍正皇帝硃批諭旨特展」，以往在課堂中所認識的雍正皇帝（一六七八－一七三五，一七二三－一七三五在位），是一位尖酸刻薄的君主，但是從硃批諭旨內容看來，雍正皇帝的字跡秀麗，於政事指授方略頗為詳盡，對官員的要求雖然嚴格，亦是合情合理，足見他是一位負責任的皇帝。因此，莊老師決定未來畢業之後，寧可不到大學去教書，也要到故宮當學徒，幫忙整理檔案，「從做中學，進入真正史學研究的領域」。如此由基礎做起，為的是能夠根據檔案，重新詮釋所學過的清代歷史。

苦學滿文有成與廣祿夢中授筆

取得碩士學位後，莊老師如願進入故宮服務，參與清代文獻檔案整理與出版。時值故宮為了彌補《舊滿洲檔》在出版過程中出現的失真問題，決定重新整理，題為《滿文原檔》出版。莊老師在整理檔案的過程中，開始對滿文產生興趣，後來又陸續接觸到滿文書寫的檔案典籍，體會到「要讀懂檔案、研究清史，一定要懂滿文」。臺灣的滿文教學始於一九五六年廣祿教授（一九〇〇－一九七三）在臺大歷史系開設滿文課，但是莊老師是從臺大畢業、進入故宮整理清代檔案以後，才認識到滿文的重要性，立志學習，遂申請回到臺大旁聽滿文課。

學習滿文期間，莊老師自行車前的英文單字卡換成了羽田亨《滿和辭典》，利用每日騎車上班的時間，逐字背誦。平時與胡格金台（一九〇〇－一九八六）教授練習滿語對話，請教授修改自己所翻譯的文稿。莊老師勤學不怠，奠定深厚的語文基礎，於一九七六年出版第一部滿文研究成果《清語老乞大》。該書為清代朝鮮人至中國東北經商時的滿文學習教本，莊老師在一份巴黎刊物上看見這本書，認識到《清語老乞大》的歷史和語言價值，便手抄全書六百餘句滿文，加註羅馬拼音，譯為漢文，作為今日中文使用者學習滿文的基本教材。爾後陸續完成《尼山薩滿傳》（一九七七）、

《清代準噶爾史料初編》（一九七七）、《孫文成奏摺》（一九七八）、《滿漢異域錄校注》（一九八三）、《雍正朝滿漢合璧奏摺校注》（一九八四）、《謝遂〈職貢圖〉滿文圖說校注》（一九八九）、《滿語故事譯粹》（一九九三）、《御門聽政：滿語對話選粹》（一九九九）、《滿語童話故事》（二〇〇四）、《滿語歷史故事》（二〇〇五）等書之譯注與編彙，並持續於繁重的研究工作中撥出時間推動臺灣的滿語教育，此與一則典故實有相關：廣祿老師往生不久，莊老師夢見廣祿老師將平時用來寫滿文的毛筆，親手交到自己的手中。夢醒之後，莊老師認為這象徵學術傳承與業師期許，深感責任重大，數十年來以此自勉，也經常在滿文課上提到這個夢境，鼓勵學生把滿文學好。

莊老師深厚的滿文學養，也曾幫助一對失散的兄弟團聚。這故事是這樣的：廣祿教授往生之後，長子孔九善得訊，遂寫了一封滿文信，委託一位日本教授尋找在臺灣的弟弟孔十善。日本教授到臺灣時，向莊老師提到這封信，老師思索著這位弟弟的線索：「他不姓廣，姓孔。孔姓是在大陸使用的姓氏，十善是排行」，但是在臺灣沒有人知道有姓孔的滿人，轉而一想，「廣祿教授的兒子叫定遠，一定跟西北有關」，遂打電話向廣定遠詢問孔十善的線索，廣定遠表示，「那是他小時候的名字」。謎團至此破解，廣定遠到故宮拿到兄長的信件，設法返鄉相見。

由此足見，學滿文不僅可用於學術研究，還能在意想不到之處，發揮作用。

給歷史系學生的建議

莊老師認為歷史系的學生，不論將來想從事學術研究或是擔任歷史編劇，都應該注意三件事：掌握檔案、學好語文、研究清史。

故宮典藏超過四十萬件的清代檔案文獻，題材包羅萬象，老師建議學生應該選修檔案課，因為如果不懂得使用檔案，將錯失許多珍貴的材料。故宮所典藏的檔案，有不少是以滿文書寫，如果不懂滿文，只看漢文，就不容易解讀，亦無從與其他史料互證。舉例來說，康熙三十六年（一六九七）四月初九日，撫遠大將軍費揚古（一六四五－一七〇一）以滿文奏報準噶爾部首領噶爾丹（一六四四－一六九七）「在三月十三日早晨生病，晚上就死了，是什麼病不知道」。但與《聖祖仁皇帝實錄》一對照，遂發現噶爾丹的死亡日期從三月十三日被竄改為閏三月十三日，死因由病死改為飲藥自盡，係配合康熙皇帝（一六五四－一七二二，一六六二－一七二二在位）御駕親征的時間，暗示噶爾丹乃因懾於皇帝天威而自盡。除了閱讀官方檔案之外，也有助於釐清明清章回小說的涵義，例如《紅樓夢》人物說「咱們」或「我們」時，從漢文看來是兩個相似的詞彙，對照滿文譯本則明顯不同。「咱們」，滿語讀作「muse」，是指說話者及其他聽話者；「我們」，讀作「be」，具有排他性，只包含對話的兩個人，相較於漢文，有更細緻的語意區別。

其次，莊老師建議歷史系一定要加強語文訓練，首先是英文，其次就是歷史上的語言文字，例如滿文、蒙文、藏文，若想要做清代邊疆史研究，邊疆語文能力不可或缺。

此外，做東亞史、清史就屬日文最重要，所以一定得學日文。如果從事西洋史研究，也得學會其他歐洲語文。因為把語文學好，除了可用於學術研究外，亦可加強自身的競爭力。例如前面提到，莊老師為了加強英文所下的苦心，後來到楊慶堃教授（一九一一－一九九九）位於中美會的辦公室應徵計畫研究助理，楊教授隨手從書架拿出一本英文原文書，指定即席閱讀並說明內容，莊老師憑藉當年為準備大一英文所累積的英文能力，成功獲得了這份工作，也使老師體認到語文之於工作競爭力的重要性，故而又選修日文課，充實做清史研究的條件。當時日文係由英紹唐教授以全日文授課，奠定莊老師的日文基礎，現在到日本開學術研討會還可以流暢地使用日文發表。此外，前文再三提過滿文應用的重要性，還有一個與甜點「沙其瑪」有關的小故事：義美「沙其瑪」的包裝設計，實源自於莊老師，因《滿和辭典》中，指「sacima」為「糖纏」，係由芝麻和砂糖為原料所做成的點心，蓋由動詞原形「sacimbi」演變而來，原指「切、砍」，與臺灣的「爆米香」相似，遂以名之，並取其滿文書寫，作為廣告設計。

再者，清史作為當今顯學之一，充實清史，不論於學術研究或是劇本寫作，都有裨益。一九九二年，臺灣八點檔《一代皇后大玉兒》以滿洲入關前後的權力更迭與太后下嫁等稗官野史作為題材，改編成莊妃（一六一三－一六八八）與睿親王多爾袞（一六一二－一六五〇）的愛情故事，在當時蔚為風行。有鑑於社會大眾的歷史知識，深受戲劇影響，莊老師遂耙梳檔案，寫成〈一代皇后布木布泰〉一文，匡正劇中的史實之誤。蓋大玉兒之名，係出於編劇杜撰，根據《滿文原檔》記載，莊妃本名布木布泰（bumbutai），崇德元年（一六三六）冊封為次西宮莊妃，居永福宮。清代宮禁森嚴，劇中多爾袞頻繁出入後宮，與莊妃私通款曲，甚至珠胎暗結，直指多爾袞乃順治皇帝福臨（一六三八－一六六一，一六四四－一六六一在位）生父，於史無徵，「給觀眾帶來了誤導作用，也給滿蒙先人帶來了傷害」。莊老師提醒：以歷史為題材改編戲劇時，固然要營造戲劇效果，也需兼顧歷史考證，避免誤導觀眾。

二〇〇一年，莊老師自故宮屆齡退休，十多年來，猶每日至故宮看檔案，寫作不輟，並在繁重的研究工作之餘，持續推動臺灣的滿文教學，培養清代滿文史料的研究人才。莊老師學思之勤，數十年來如一日，著作等身，顯示凡事沒有捷徑，惟有立定志向，勤學不怠，方得有成。

原文刊登於《臺師大歷史系電子報》第三十期（二〇一四年十二月），由碩士班管珮文同學採訪。

邱添生

邱添生教授於1960年進入師大數學系，隔年轉入史地系，1964年結業，留任歷史系實習助教，1965年於空軍官校服兵役一年，1966年至1968年在師大歷史系擔任助教，1968年10月前往日本京都大學進修，並於1971年完成碩士學業，返國並回到師大歷史系擔任講師。

邱添生教授於一九四一年十一月十五日出生，出生地是苗栗縣造橋鄉平興村。一九四九年就學於錦水國民小學，一九五四年考上新竹中學初中部，一九五七年直升高中部，一九六〇年進入師大數學系，隔年轉入史地系，一九六四年結業，留任歷史系實習助教，一九六五年於空軍官校服兵役一年，一九六六年至一九六八年在師大歷史系擔任助教，一九六八年十月前往日本京都大學進修，並於一九七一年完成碩士學業，返國並回到師大歷史系擔任講師。一九八〇年應日本交流協會邀請，回到京都大學進修。一九八八－一九八九年間，因申請到行政院國科會的研究獎助，再次回到日本，並獲聘為京都大學的招聘教授。二〇〇六年自師大退休，仍於師大歷史系所擔任兼任教授。邱教授生平首篇專論文章為〈唐代起用外族人士研究〉，碩士論文題目為〈唐代文化と外來文化〉。諸多著作中，以《唐宋變革期的政經與社會》最具代表性，另有〈唐代設館修史制度探微〉、〈唐初纂修前代正史析論〉、〈由杜佑《通典》管窺唐代史學的創新〉等史學史專文，並編纂有《中國通史》、《隋唐五代史》及《中國文明發展史》等書。

邱添生教授為國內研究隋唐史的著名學者之一，其〈論「唐宋變革期」的歷史意義〉一文，為臺灣早期探討「唐宋變革」的重要文章。這篇文章一開始便引介日本東洋史研究之名家內藤虎次郎的中國歷史分期觀點，談及「京都學派」的存在，並肯定其學術地位。同時，作者亦表示文章乃在日本東洋史研究的基礎上進行深入擴充而成。綜上敘述，吾人不難想見日本東洋史學對邱添生教授的影響。本次口述訪談一方面希望能透過邱添生教授了解一九六〇年代臺灣學生的留日經驗，另一方面也可進一步了解「京都學派」的起源與相關學術論爭，及其對邱添生教授日後學術研究的影響。

一、赴日緣起

我是師大歷史系五三級畢業。一九六四年六月畢業以後，分發到頭份國中實習。九月，當時的系主任朱雲影老師寫信告訴我說，系裡三個助教中有一位升為講師，而要補其職缺，問我有沒有意願回系裡當助教。當時我還沒實習完，之後還要當兵，而朱老師竟願意讓我回母校當助教，讓我非常感激，加上我也覺得這是一個比較有可能進修的機會，所以就答應回去當實習助教。

一九六五－一九六六年到軍隊服役，擔任空軍教官。一九六六年七月退伍，回到系裡面。因為已經完成實習並服滿兵役的關係，成為系上的正式助教。之後就待在系裡服務，直到一九六八年出國為止。那時候的助教性質跟現在的助教不一樣，是學術助教，不是行政助教。所以到一定的年資後，就可以提論文升等，成為講師，但當時我還是希望能夠在學歷方面更進一步。

一九六〇年代，師大歷史系只有大學部，沒有研究所。當時師大全校設有研究所的，只有國文系、英語系和教育系。沒有研究所的話，就不能像現在利用甄選或考試直接升上碩士班。就全國來講，那時也只有三個學校有設立歷史研究所，就是臺灣大學、文化大學和輔仁大學。可是當時臺大傳聞有門戶之見，師大畢業者想考上似乎很困難，尤其我又已經在師大當助教；輔仁大學是以西洋史為中心，但我對中國史比較有興趣；至於文化大學，那時叫文化學院，還沒改制成大學，雖然有史學研究所，可是從師大畢業者，再唸文化大學總覺得沒有必要。既然別無選擇，想進修的話就只能往國外發展。

我當正式助教的時候，系主任是戴玄之老師，他很鼓勵年輕人到國外念學位。當時系裡有三個助教，彭小甫、王文賢和我。彭老師、王老師是我的學長，一個是五二級畢業，一個是五一級畢業，兩位都打算朝西洋史發展，所以後來他們去考夏威夷東西文化中心的獎學金。當時我就想，那要研究中國史該怎麼辦？這時，我想起朱雲影老師是留日生，而我一直很佩服他，崇拜他，景仰他，所以就想說可以考慮到日本念書。

確定想到日本念書後，我開始進修日文。由於一九六〇年代後期到一九七〇年代，臺灣政府還存有仇日情結，對日文有禁忌，所以一般大學很少開設日文課，就師大而言，也只有教育系跟國文系的研究所博士班有特別開設。因為這樣，我大學畢業的時候，日文一個字都不認識。雖然當過四年的日本國民，但日本統治結束時，我才四歲，所以日文完全不會。由於那時系主任和老師對助教都很照顧，給我們很多方便，所以有時間我就自己學習日文。

當時外面的補習班不像現在那麼多，市面上有一、兩家已經算不錯了，而且就現在來看，程度都很不上軌道。我到補習班補過日文，就在現在的南昌路那裡。有一位老師姓高，是一位老兵，曾經是閻錫山的部將。他的夫人是日本人，夫婦倆合開了一家補習班，我就是到那裡上課。

除了語言問題外，留日經費的問題也需要解決。像剛才講的，彭老師、王老師想到美國有很多獎學金可以申請。但是要到日本，唯一的獎學金就是日本掌管教育事業的文部省提供給臺灣的「國費獎學金」，也就是現在說的公費獎學金。不過，日本給臺灣名額，讓臺灣去招考，招考了以後，還要把這批人交給日本駐臺灣大使館複試鑑定。比方說，日本政府給臺灣十五個名額，教育部就公開招考先取三十人，再把這三十人送到大使館後進行複試，最後確定錄取名單。

當時我覺得這個獎學金很棒，決定參加考試。不過，報考這項獎學金有些規定，例如：不能超過三十五歲，也就是說三十五歲、三十四歲、三十三歲都可以考，而我那時才二十七歲，而從二十八歲到三十五歲的考生，尤其是三十至三十五歲的，因為經過日治時期，都念過一些日文，有的念到小學幾年級。這些人的日文基礎很好，我要考上就要跟他們競爭，結果很僥倖的，我成功考取了。

至於為什麼選擇唸京都大學，這要從朱雲影老師開始講起。朱雲影老師戰前曾經在東京念高等師範，師範念完後考上京都大學，從京都大學畢業，是京大的校友，所以我聽他說過一些有關京都大學的事情。根據我的了解，日本最早成立的帝國大學是東京大學，但是學人文的，特別是學歷史的都知道京都大學才是研究重鎮，學術地位很高。因此，如果能到京都大學當然最好。所以在初試錄取到參加複試之前，中間去接洽學校的時候，我就決定申請京都大學，於是懇請朱老師幫我推薦，後來梁燦輝老師也幫忙寫了推薦函，兩封推薦函便一起呈給京大，再經過日本文部省跟京大方面接洽，該大學願意收我這個學生，這些手續完成之後，才確定可以拿到獎學金。

在這之前，我從來沒去過日本，加上那時臺灣仍在實施戒嚴中，出國很不容易，尤其辦理出國手續更為繁瑣。當然先前為了考試學日文，也把日文和日本的相關書籍和資料看過。其實我本來在日本有一個親戚，是我的堂哥，他戰前就去了日本，但是已經幾十年沒有聯繫。後來就因為我去日本，竟然順利找到他。聽說他本來在神戶，後來不知道又去哪裡，最後是在廣島找到，但先前完全沒連絡。所以雖然說不完全是單槍匹馬，但也只能靠日本政府的獎學金。

去日本的時候，我們坐日航，是日本文部省安排的。一進入到日本，在東京羽田機場就有法務部的人員幫忙辦手續，然後直接接我們出去，送到東京駒場專供留學生住的宿舍。獎學金的好處就是政府直接給生活費，像學費什麼的都不必交，等於是公費。

日本政府給生活費會按照物價指數調整，我第一年去的時候，每個月三萬三千元日幣，到回來的時候已經有六萬多，而現在大概有二十幾萬。我們住宿的話只象徵性的交一點住宿費，因為這是日本政府安排專門給留學生住的地方。另外，每年政府還會再給旅行費，等於說在日本國內參觀、旅行或考察還有補助，經費相當足夠。如果懂得節省，還可以省下一些錢，多買一點書。

我們去的時候先到東京，因為東京是日本的首都。那年所有錄取的臺灣留學生，先後分兩批前往日本，其中有一個比較知名的就是陳水扁總統的老師李鴻禧，他也是一九六八年去的，跟我同一期。李鴻禧學法，他當時申請就讀東京大學。東京的駒場有留學生會館，我在那邊住了兩個晚上。而且很巧，師大國文系有一位教授叫陳瑤璣，比我早一年去日本。我第一天去到達東京，什麼人都不認識，剛好在留學生會館碰到他，他知道有個師大的校友來，心裡非常高興，所以那兩天都陪著我，在東京市區的景點遊歷。兩天後，文部省幫我們買票，坐新幹線從東京到京都，大概兩個多鐘頭的車程。

一到京都火車站，京都大學專門處理留學生事務的科長就親自到火車站的月台接我們住進宿舍。京都雖然沒有像東京有文部省蓋的留學生會館，不過也另外跟國際學友會簽約辦了一個京都留学生寮（きょうとりゅうがくせいりょう），後來連續三年我都住在那邊。

二、初至日本

到日本以後，因為生活上不虞匱乏，宿舍又安排好了，基本上沒有什麼困難，要說有困難就是語言不通。因為來日本前，日文只學了半桶水，所以剛開始生活的一、兩個月比較困難。雖然如此，到日本也沒有特別修習日語課程。那時候各國學生拿這項國費獎學金到日本留學的很多，尤其是亞洲國家。臺灣去的學生因為已經通過日本大使館的考試，所以一到日本就可以直接到學校裡念書。但是像來自東南亞、印尼、馬來西亞等國家的，有些學生幾乎沒有日文基礎，到那裡以後就要到語言學校，花一年的時間念日文，不能直接進入學校的課程。不過話雖如此，我們的日文能力當然還是跟日本學生差很多，所以一定要努力加倍學習。再不了解課程內容的話，就看老師寫的板書，因為漢字很多。聽不清楚的話，也要多跟老師請教、討論。

此外，日本當地也有協助留學生的組織。以京都大學來說，這樣一個有名的國際級學校，自然有專門負責照顧留學生事務的單位。它叫第二教務掛，就是第二教務處，我們叫做留留学生掛（かかり）。那時主事的科長叫作浦上（うらがみ），他底下有一些職員。我們有什麼事就去找他，每個月要領獎學金的時候，也是要到留學生掛那邊去蓋個章，然後到學校附近的勸業銀行領錢。而且，它除了照顧我們的生活，每個學期還會安排我們到各地遊覽一些名勝古蹟。

出了學校，有國際學友會和中華民國留日關西同學會。國際學友會主要是辦學術交流，有時也替外國學生編一些教材。另外，像我住的「京都留學生寮」也是這個組織蓋的，專門提供留學生住宿的場所。

因為每個人的專長不一樣，有念文的、念法的、念農的等等，所以一起研讀相同領域專業書籍的情況比較少。不過，臺灣留學生會在當地組織大範圍的團體，像「中華民國留日關西同學會」就帶有彼此照顧溝通的聯誼會性質。

京都臨近的都市大阪，是日本第二大城，還有神戶，是著名的海港都市，通常合稱京阪神（けいはんしん）地區。京阪神在日本也叫做關西地區，相對的就把東京周圍叫關東地區。那時候中華民國政府規定，關西地區只能組「中華民國留日關西同學會」。但是隨著民主意識逐漸升溫強化，念京都大學的學生有另外成立一個「臺灣留日京都同學會」，包含整個京都地區，但這個組織卻不被當時的政府承認。當時中華民國在大阪有一個總領事館，至於大使館則在東京。總領事館非常注意學生成立團體的問題。總領事館內有領事，雖然掛名秘專，但聽說那些都不是真正的領事，而是專門監督僑胞的，所以有的時候就弄得很僵。同學純粹只是想組織照顧留學生的團體，可是政府就是要干涉。所有的活動都要向他報告，沒有跟他報告，他就把你弄成黑名單，回不了臺灣。當時京都大學有個研究太空科學的同學，就因為當過關西同學會的會長，不為政府所喜，就被弄下來，換另一個人接手，然後那個同學就不能回來臺灣了。

我一直住在留學生寮，那裡有一個比我晚一年，一九六九年到日本的，政大畢業，念法學。其實他也沒有做什麼，本來也是國民黨黨員，只是因為在國外吸收新的知識後，總覺得政府太保守、頑固，偶爾會講一些批評的話，結果就是被那些所謂的領事列入黑名單，然後就回不來了。後來他不得已滯留當地，且歸化日本籍，還當上產業大學法學部的部長。現在退休了，自己開了一間法律事務所。

所以學生組織是有，但最正式的還是「中華民國留日關西同學會」。這個同學會本質上是聯誼會，經常會選些日子到各地郊遊。京都同學會也曾經辦過到琵琶湖郊遊一天的行程。琵琶湖在京都北邊的滋賀縣，是全日本最大的淡水湖。聯誼會不一定多久辦一次，是不定時的，要看負責人熱心的程度和大家的配合度。當然私下幾個人，一起喝個酒或喝咖啡也會有。讀書會的話就比較少，因為每個人的專攻不一樣，有的話會開在自己系上。比方說，我們歷史系的話就在歷史系的讀書會跟日本同學一起念。

接著，來簡單談一下我在日本的生活情況。每一個國家都是一樣，剛開始總是比較沒有那麼進步，以當時臺灣跟日本來講，日本的生活水準就是比較高，物價比較貴。因為日本戰後恢復很快，臺灣就不是如此。所以就當時來看，在我們的感受日本已經很進步，生活水準高，交通又方便。

舉例來說，不管火車或市內公車、地下鐵，班次都很多，而且絕對準時，不會誤點。要是誤個幾分幾秒，甚至只是三十秒就會被認為很嚴重。長程的話，誤個一分鐘，車長馬上會播音說：「很抱歉現在慢了一分鐘，我們正在加速趕」。所以你要去哪裡，只要把時間表弄好，從這個車換到那個車，再去換另一台車，百分之百精確，不會出什麼差錯，預計幾點鐘到就會準時幾點鐘到。那時候同樣的情形在臺灣還沒有辦法做到，所以會覺得「哇！真的很進步」。

雖說是領公費獎學金，生活比較好，但我還是很省。在學校的時候上完課，中午吃飯，都盡量到學校裡的福利社用餐。福利社叫「生活協同」，簡稱「生協〔せいきょう〕」。生活協同辦的餐廳，餐點費用是最便宜的，我幾乎都在那裡吃。

日本餐廳的外面櫥窗一定有一個樣本（見本〔みほん〕），可以自己看哪道餐點多少錢。那時候最便宜的是咖哩飯（カレー・ライス），只要日幣六十塊，我幾乎都吃那個。一直吃到甚至「中毒」，現在變得不敢吃。我小孩常常就笑說，請吃飯要請吃咖哩。一聽到咖哩我就「HaN~」，很不喜歡就是了，能夠避免不吃就盡量不吃。當然現在還是可以吃，並不是說絕對不能吃。剛才提過，那時候咖哩飯是盤裝，六十塊日幣，換算成臺幣大概是十五塊。在臺灣的話，不必那麼多錢，不到十塊錢就可以買到。

當時在日本一般的民眾，基於臺灣跟日本特別的歷史淵源，對臺灣人的印象很好，對留學生也不錯。雖然是這麼講，但日本政府對留學生還是有些限制，像是不准打工，尤其像我們拿日本國費獎學金的，所以通常只能私底下在咖啡店、餐廳做服務生。那時候有一陣子流行打パチンコ，很多人就在那裡アルバイド。正式的打工不行，被抓的話會被警告。

相較於民眾，學生也很單純，課堂上還是上課，下課就會一人一句問我們的情況。不過話說回來，學生時代他們就很有主見，有時候會跟你針鋒相對。像我去的一九六八年，是鬧學潮最厲害的年代，特別是在東京大學和京都大學。東大安田講堂曾經被占領，京大的時計台（とけいだい）也被占領過。時計台上面的鐘是德國送的。鬧學潮的學生在時計台上築了一個小堡壘，上面掛著毛澤東之類的肖像或標語，很有趣。

當時很多課都不能正常進行，學校的學生，有些是熱衷學潮運動的，遇到上課的時候，他們會在教室裡干涉，叫老師不要上，要求罷課。我有一個同學，那時候就跟我說既然你是從臺灣來的，臺灣蔣介石是軍閥，在實施戒嚴，那你對軍閥統治的看法怎麼樣？不過，爭論歸爭論，只是理念的問題。我們課後在外面也一起喝咖啡，一起談課業。後來寫碩士論文的時候，我們還經常進行討論，他提供我不少寶貴的意見，現在他在日本學界也卓有成就。

到日本以後，我一方面適應日本的生活，一方面也開始思考如何在領有獎學金補助的期間內完成學位的事。我一九六八年十月到日本，當時是研修員。研修員本來是指博士課程修完後仍繼續留在學校做研究的學生。我在臺灣只是大學畢業而已，京都大學校方卻給這個名義，表面上很受尊重，但只能說是在日本進修，並沒有正式學籍，不能修課程或修學分，更別提要拿學位。

三、學生生活

（一）入學考試

日本政府提供國費獎學金，只是提供我們過去做研究。京都大學，在當時來講比較傳統，留學生一定要通過入學考試，才可以進入研究所，正式修讀課程；相對而言，當時的東京大學雖然也要考試，但是對外國學生採取另一個系統，不占原本的名額，考試可以另外考。京都大學要求留學生必須跟本國學生一起考，一切的條件和資格都相同。當時我心想，一定要藉這個機會念一個學位，因為原本決定來到日本，就是由於本系還沒有研究所，因此我決定要參加京都大學大學院（即研究所）的入學考試。

一九六八年十月，當時正在鬧學潮，京大的入學招生作業面臨很多難題。考試預訂在翌年（一九六九）二月舉行，報名的時候，除了繳交健康檢查報告和大學畢業證書外，還要交畢業論文。原來，日本的大學生按規定都有畢業論文，報考大學院時要交給學校審查。可是我在臺灣師大並沒有畢業論文，當時處理報名事務的人就對我說，你找找看有沒有發表過的文章，提出任何一種也可以，但我還是沒有。知道這種情形後，我馬上想辦法要寫出一篇文章。

去日本之前，我在系裡當助教，那時系圖書館有一本日文的學術雜誌叫《歷史教育》，是東京學藝大學出版的雜誌，我在裡面看到一篇文章，是伊瀬仙太郎（いせせんたろう）寫的。當時我想要訓練自己的日文，就把它拿來翻成中文，叫作〈唐朝對塞外系內徙民族之基本態度〉。翻好以後請朱老師幫忙改，曾經投稿到大陸雜誌發表。所以我就以這篇文章的概念，擬一個題目叫〈唐朝起用外族人士之研究〉，這是我的第一篇專題論文。寫完後趕快從日本寄回來，投稿到大陸雜誌，那是在一九六九年二月。朱老師有幫忙推薦，並拿去發表。結果獲得審查通過採用正式發表，我又趕快把這篇文章，請當地的一個學長協助翻成日文，因為當時學校規定一定要繳交以日文撰寫的文章。於是，我就這樣完成了報名手續。

入學考試因為鬧學潮，教室被封鎖，沒辦法舉行，結果拖到三月下旬，最後還不得不租用外面的場所，叫近畿予備校（きんきよびこう）。預備校就類似我們臺灣國內講的補習班。也就是說當年的研究所（大學院）入學考試是使用預備校的教室作為考場，然後我去考，也倖獲錄取了。

（二）課程修習

京都大學的編制有些跟臺灣類似，大一、大二叫做教養学部（きょうようがくぶ），在這個階段雖然有劃分系所，但是念的課程差不多；大三、大四叫做学部（がくぶ），主要分文學部、理學部、工學部、醫學部……等等，其實就是在臺灣所講的各個學院。學部畢業前要寫論文，就是畢業論文，然後考大學院，大學院在臺灣就叫做研究所。大學院裡面分修士課程跟博士課程，修士就是碩士。我是大學畢業以後去的，所以要報考晉升大學院的課程。

京都大學文學部裡分成幾個學科：哲學科、史學科和文學科。史學科裡面，又分好幾個專攻，專攻相當於臺灣的學系。我就是在文學研究科的史學科裡的東洋史學專攻，等於東洋史學系裡就讀。京大每一個系採講座制，從戰前以來就如此。史學科裡包括有國史學、東洋史學、西洋史學、現代史學、西南亞史學、考古學、人文地理學……等專攻。東洋史學算是很大的專攻，編制有三個講座：第一講座、第二講座、第三講座。每個講座設有一個教授和一個助教授（相當於臺灣的副教授）。三個講座不一定同時完全具備，偶爾會暫時從缺。我在京大東洋史學專攻念書的時候，只有兩個講座，第一講座跟第三講座，第二講座沒有開課。第一講座的主題是中國古代史和中世史，第二講座主要是有關周邊民族的邊疆史，至於第三講座則是屬於近世史的部分。

三個講座裡有一個人必須負責行政工作，稱為主任教授，相當於臺灣的系主任。我的指導教授佐伯富先生就是當時的主任教授，他的課我一定都會去上。其他，只要是東洋史老師的課我也都會盡量去旁聽。舉例來說，像竺沙雅章，當時開宋代文化史方面的課程。萩原淳平（現在去世了，是田村實造的女婿）是研究蒙古史的專家，他們也都是文學部東洋史學專攻的老師。不過，我主要還是上兩位指導教授佐伯富跟佐藤長先生的課。佐伯富的演習課「續資治通鑑長編」在我去之前已經上了五、六年，當時佐伯先生仍繼續開這門課。每次上課老師都會先帶兩個鐘頭，然後同學們輪流念幾頁，說明每個詞彙的意思，遇到專有名詞馬上做卡片。後來佐伯富出版的《續資治通鑑長編索引》，就是這樣弄出來的。這門課不只是學生會上，老師也會來上。那時候臺大的徐先堯教授剛好因為國科會計畫來到日本，他也來旁聽過。

佐藤長是研究西藏史的專家，那時開了一個叫作「四夷傳諸問題的研究」的課。小野川秀美是清末思想史的專家，他在人文科學研究所開過「孫文的研究」，是跟現代史學系共同開的，我也去聽過。

佐藤長開的「四夷傳諸問題的研究」，是在他的研究室裡面上課。第一年我選修這門課程的時候，剛好在講《魏志・倭人傳》。《魏志・倭人傳》是《三國志》的《魏書》，裡面的〈東夷傳〉提到倭人，是日本古代史的重要資料。早期日本沒有資料，沒有史書，沒有文字，只有語言。要找日本古代的史料，在日本古文獻中等於沒有。《古事記》、《源氏物語》等，幾乎都派不上用場。日本第一本仿照中國正史之紀傳體的史書叫《日本書紀》，在西元七二〇年才完成。在這樣的狀況下，要找日本古代史的資料，只能從中國的古典中去找。

中國古典最基本的史料是正史。第一本正史是《史記》，有一百三十篇，五十二萬六千五百字，從頭到尾連一個字都沒有提到日本。第二本是《漢書》，也沒有專門講日本，只有在〈地理志〉裡面曾提到有一個地方叫樂浪郡，是這樣說的：「夫樂浪海中有倭人，分為百餘國，以歲時來獻見云」；若把「夫」字開頭不要，再把結尾「云」字去掉，十八個字而已，語焉不詳。我們從中所能知道的，就只有樂浪郡的外海中有倭人，分為一百多個國家，每年按時會來樂浪郡貢獻，如此而已。第三部正史是《後漢書》，其中也沒有專門講日本的專章，只有提到漢光武帝建武中元二年（西元五十七年）倭奴國有來朝貢，光武帝賜給他一個漢倭奴國王的印，就這麼一小段；另外，就是漢安帝的時候有倭國的使臣來，總共只有兩、三條的記載。第四部正史是《三國志》，其中有關日本的記載就很不得了。《三國志》分《魏書》、《蜀書》

和《吳書》，《魏書》的後面有個〈東夷傳〉，裡面有個標題是「倭人」。「倭人」一章，共有一九八七個字，提到五、六個小國家，其中有一個叫邪馬臺國。內藤湖南主張邪馬臺在近畿大和，白鳥庫吉則說是在九州山門，日語對於大和跟山門都念「やまと」，到底是哪一個說法比較正確，我們在課堂上曾經討論，一致認為這是很重要的資料。那一年，佐藤上的四夷傳諸問題就是討論〈倭人傳〉，整個學年結束，就只講完這一篇資料而已。第二年，課名還是「四夷傳諸問題的研究」，不過改上《新唐書》的〈吐蕃傳〉，這更是佐藤老師的專長，因為他是專門研究西藏古代史的，那也上了一年，結果也只上了大約兩頁左右，《新唐書》的〈吐蕃傳〉還是沒有念完。單是一個棄宗弄贊，佐藤老師就可以講兩、三個禮拜，因為相關問題太多。

每年有什麼課要看課程表，但課排在什麼時候要看時刻表，時刻表是臨時印製的。課程開好，學生想旁聽的就自己去，不必選課，到學年快結束時才登記選課。二月的時候放假，大概一月學校就會公布。學生想修什麼課，自己到教務處登記。登記以後，就表示選了這門課，至於要不要給學分，就看開課老師的決定。通常研究生最基本的要交研究報告（リポート）。如果這一年常常沒去上課，就要跟老師談，看能不能說服老師，如果老師答應通融，就會給你學分，把成績送到教務處，學生一申請成績單就知道有沒有通過。有時候在課堂上我們也會作口頭報告，只是書面的報告還是要交。

日本的學分叫單位，老師規定要報告或者有什麼其他的，要照老師要求的去做。每個科目的成績並不是給分數，而是給優、良或劣的等第。雖然整學年中間有放假，但是放假之前的一個學期結束並不需要交リポート，也不會給單位，給單位都要等到每年二月、三月，學年結束時。日本的學年是從四月開始，四月到六月底是一學期，七、八月放暑假，九月又開學。然後到聖誕節以後，又休息兩個禮拜，回來再上個一個多月才放假，結束全學年的課程。

（三）指導教授

念碩士學位要找指導教授，而指導教授一定要教授掛名。我還沒正式入學之前，佐伯富看過我的資料，願意接受我，理所當然是我的指導教授。事實上，在學校的登記裡，佐藤長跟佐伯富兩個都是我的指導教授。換句話說，外國留學生領國家獎學金的，都已經安排教授指導，不必另行安排，也沒有選擇的餘地。不過，指導教授的學術專長所學不一定與學生想做的領域完全相同，像佐伯先生就不是隋唐史專家，卻仍然擔任我的指導教授。原則上不會有困擾，因為老師的學問既廣泛深入，又具備多元方向，知道指導學生看哪些書。

京都大學學風非常自由，所以學生要很自動，不能一味靠老師。老師上課就是上課，學生要做什麼研究，就自己去找資料，不知道才問老師，老師一定會詳細的講解。關於資料，老師也會說明哪些地方可以找到。佐伯富經常叫我一定要看內藤湖南的書，而且也要看宮崎市定的書，因為兩位重量級的知名學者都是他的老師輩。我的學位論文題目，是與佐伯老師仔細商酌討論之後決定。論文寫好以後，我雖然曾經找從臺灣去的前輩學長討論日文的撰述事宜，但事後還是請佐伯富幫我審閱修正，他很仔細地潤修更正。那時候我都用一本很厚的筆記本寫，原稿不曉得改過多少遍，最後才把它謄清彙整完成，再呈給佐伯富看。我那時寫的論文題目是〈唐代文化と外來文化〉，回國後曾經譯成中文摘要發表在《師大學報》第十六期。那本碩士論文原件，到現在都還放在京都大學文學部史學科的圖書館。

佐伯富是一位中規中矩的敦厚學者，一直都是在默默的做研究。他的著作很多，除了專著以外，也編過不少索引目錄的書，像是《續資治通鑑長編索引》之類。他在京都大學主持這個課程很多年，上課就由學生以日文訓讀方式念漢字原文，再把每一個專有名詞都做卡片，隨手就放在研究室的抽屜裡，最後就是把卡片綜合整理，終於完成了《續資治通鑑長編索引》。另外，他還編有《宋代文集索引》等等，不下二、三十種。一直到退休之後，去世之前，仍然持續從事編纂很多我們聽都沒聽過的書的索引，全部都是自己親手撰寫，一個一個項目來寫，非常認真。在臺灣過去有些人認為這種工具書，不是什麼著作，相當看不起，其實這是一個很紮實的功夫，嘉惠學者尤多。當然，佐伯富自己也不是只做工具書，他更撰有很多的專著，像《中國鹽政史研究》，就是其中相當具有學術價值的。但是他一直都很客氣，脾氣很好，靜靜的也不多話。在日本念書的時候，我們做研究生的經常找老師。當然有些老師也許會跟學生嘻嘻哈哈，但佐伯富不是那種類型。學生去找他，一進去他就請你坐，然後泡茶，也不主動問你什麼，你跟他講什麼，往往都回答「hou! hou!」，就是這樣一位親切又厚道的長者。

日本人通常很少讓訪客直接進入其家裡，但我卻經常到他家裡拜訪。即使畢業回臺灣以後，每次去日本也會去探望他，他都很客氣。早年師母還在，都是由師母張羅，招待我們；師母不在以後，有一次，他知道我們要去，就事先向餐廳訂了豐盛的餐點，外送到家裡來招待我們，真的是非常親切的長者。我剛剛提過，他一直鼓勵我，說弘法大師空海的很多著作不妨多看，我還想過他跟弘法大師有沒有什麼關連。因為空海的俗姓也是「佐伯」，而且又都是四國香川縣出生的人。

前面又提到，宮崎、內藤的文章都是他指導我去看的。雖然我當時決定作〈唐代文化與外來文化〉，他還是一直叫我要看內藤跟宮崎的書。另外，他也曾介紹一位很有名的研究唐代佛教的學者，叫做塚本善隆（つかもとよしたか），叫我看他的著作，因為他寫的是有關敦煌佛教的東西，那時塚本善隆正好在當京都博物館的館長。此外，有一些學術會議，我們出席的話也都會看到佐伯富，他都會很熱情的把我們招過去，跟我們聊一聊。

佐伯富從京都大學退休以後來過臺灣，在臺灣大學當過一年的客座教授。他當時住的臺大學人宿舍，時間大概是一九七四－一九七五年，我還曾經幫他張羅一些日常生活所需，像是棉被、家具等等。

在京都大學念書期間，我的碩士論文撰述計畫一直在進行，稿子寫得很多，寫了又改。由於我的日文還不夠嫻熟，所以就請一位學長幫忙修改。他在臺灣是佛教界的人士，後來由佛教社團保送到日本念書。大學在龍谷大学（りゅうこくだいがく）念。該大學是西本願寺所屬的一個大學。那位學長在大學念完以後，去考京大，繼續進修念大學院。其實這位學長，後來才發現跟我是遠房親戚的關係，也是我們苗栗的同鄉，現在歸化日本籍，定居京都，擔任大學教授。

這位同鄉又是遠親的前輩學長，日文基礎很好，畢竟他年紀比我大，幼年念過日文，又在日本待這麼長的時間，所以我每寫完一部分後就請他幫我潤修，改成比較順口的日文，然後我再重新抄寫謄清，抄了好多遍，最後才大功告成，花了兩年的時間。

在正式向校方提交論文之前，我把學長幫我改過的重新謄了一遍，交給我的指導老師佐伯先生。佐伯先生雖然是在百忙當中抽空，依舊很認真的幫我改，稿子裡面修改的字，都用鉛筆寫。記得以前朱雲影老師幫我修改文稿也都用鉛筆，所以我現在批改學生報告、論文，也都習慣使用鉛筆，因為若有不妥，比較容易擦掉，原子筆則不好擦。佐伯富老師幫我從頭到尾看過一遍，然後斟酌改成正確日文的句法，並看看怎麼樣比較優雅，比較符合學術性。改完以後，我再拿四百字的稿紙重新謄寫過，最後才正式交給學校。

那時京都大學有個特殊規定，我覺得蠻有道理的。通常臺灣國內的研究所，不管是碩士論文，還是博士論文，似乎有個不成文的規矩，往往在乎全文的字數。學生常常會問多少字才可以，像碩士論文至少要十萬字，才說得過去，講不好聽一點，就是有字數取勝的心態，不夠這個字數好像不夠份量。博士論文就要有二十幾萬字。但是，京大就很不一樣，學校規定論文的本文字數不能超出一百張稿紙。當時一張稿紙四百字，換句話說，不能超過四萬字。尤其日文夾雜很多假名，往往一大串，所以一百張稿紙的四萬字，翻成中文說不定不到三萬字。不過，註解、附錄、資料則不受限制，要十幾萬字都沒關係。我們當時覺得很奇怪，不是說一定要越多越好嗎？現在想想有道理，原來一篇碩士論文，主要在於提出自己獨特的觀點和看法，如果在四萬字裡面都沒辦法講清楚，就表示作者的語文表達能力有問題，因為四萬字應該可以把一種觀念講得很清楚了。從日本回來以後，我常常跟朋友提到這個問題，現在好像有些學校已有類似不能超過多少字這樣的規定，據說像臺大某些系所就有這樣的限制。

碩士論文完成之後交出去，還要經過口試審查。京都大學大學院裡面的文學研究科，裡面包括哲學、史學和文學。史學科裡面有國史學、東洋史學專攻等等，每個專攻都有一個主任教授，等同於我們臺灣國內的系主任。論文口試審查不是只有史學科的教授參與，文學科和哲學科幾個主任教授也都是當然的教授會議委員，會一起審查，口試的時候一起問。那時候一位國史學專攻的主任教授，跟我的指導教授相當熟識，他叫赤松俊秀，是口試委員之一，當時曾經給我一些意見，主要是有關日本古代史跟中國的關係。

另外，必須提到佐藤長先生，我當時寫論文的時候也請教過他，因為他也是指定掛名的指導教授。我寫的主題是〈唐代文化與外來文化〉，主要是講西域文化對唐朝的影響。之前由於修佐藤長先生的「四夷傳諸問題的研究」課程時，提到邪馬臺的事情，所以我就去請教佐藤老師說唐代的外來文化裡面，除了西域文化外，有沒有受到日本影響。因為過去的學者提到唐文化，總是說中國文化東漸，對日本有影響。不知有沒有一些日本反過來影響到唐朝的事例？佐藤長思考一番之後，認為沒有，主要還是唐朝對日本產生影響，而當時日本影響到唐朝的幾乎沒有，所以後來我的碩士論文就沒有提到日本對唐朝的影響。

第 248 号

研修員の証

所属 東洋史学

氏名 邱 添生

1941年11月15日生

有効期限 昭44.3.31

京都大学

部局名 文学部

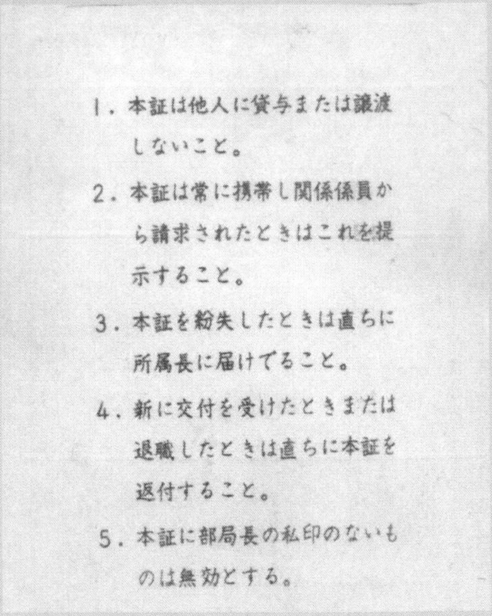
1. 本証は他人に貸与または譲渡しないこと。
2. 本証は常に携帯し関係係員から請求されたときはこれを提示すること。
3. 本証を紛失したときは直ちに所属長に届けでること。
4. 新に交付を受けたときまたは退職したときは直ちに本証を返付すること。
5. 本証に部局長の私印のないものは無効とする。

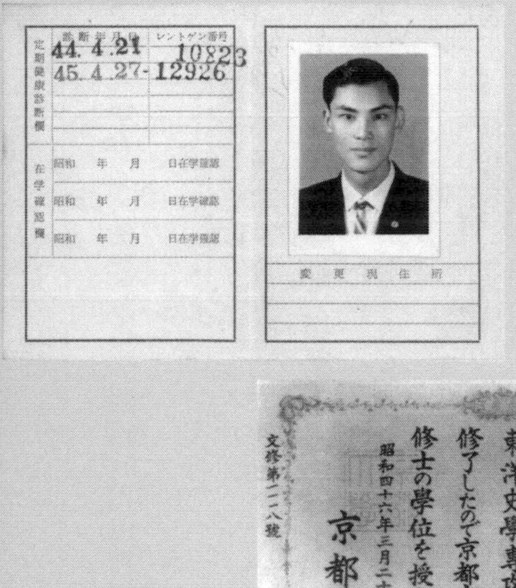
診断年月日	レントゲン番号
44.4.21	10823
45.4.27	12926

昭和　年　月　日在学確認

変更現住所

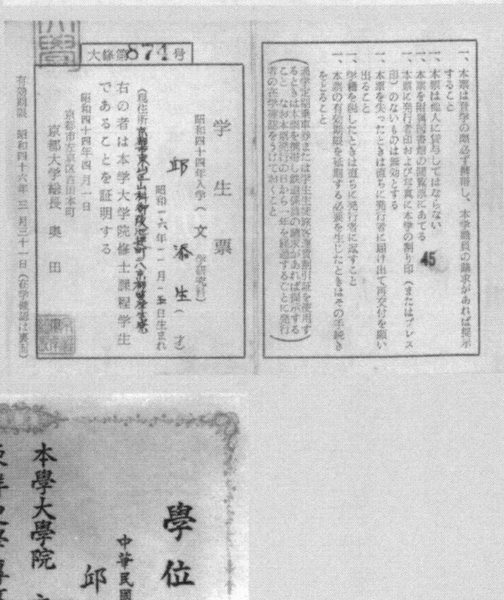
大修第871号

学生票

昭和四十四年入学（文学研究科）

邱添生（男）

昭和一六年一一月一五日生まれ

右の者は本学大学院修士課程学生であることを証明する

昭和四十四年四月一日

京都市左京区吉田本町

京都大学総長 奥田

有効期限 昭和四十六年三月三十一日

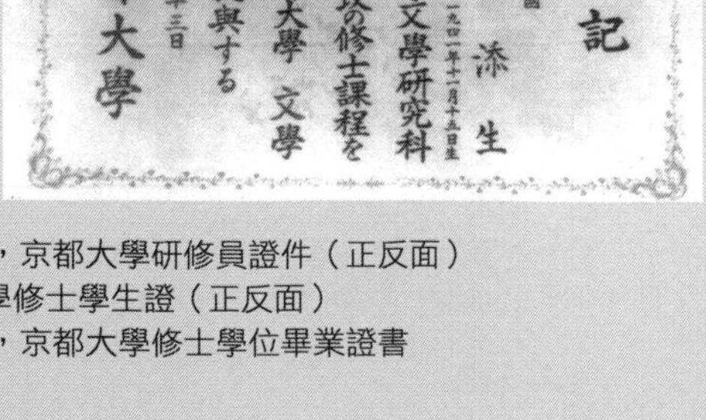
學位記

中華民國

邱添生

一九四一年十一月十五日生

本學大學院 文學研究科

東洋史學專攻の修士課程を

修了したので京都大學 文學

修士の學位を授與する

昭和四十六年三月二十三日

京都大學

文修第二一八號

①② 昭和44年（1969），京都大學研修員證件（正反面）
③④ 昭和44年，京都大學修士學生證（正反面）
⑤ 昭和46年（1971），京都大學修士學位畢業證書

①	②
③	④

⑤

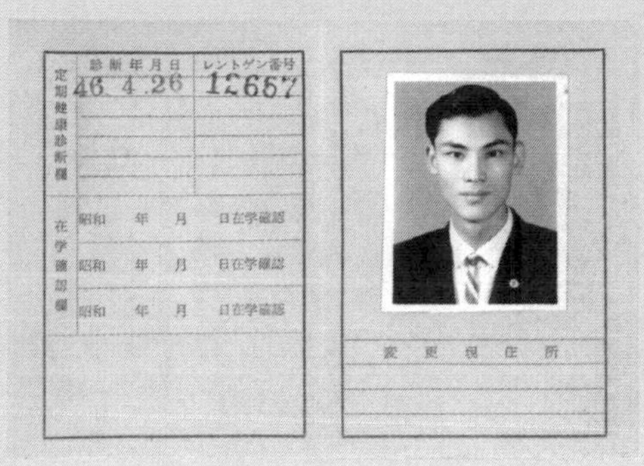

定期健康診断欄

診断年月日	レントゲン番号
46.4.26	12657

在学確認欄

昭和　年　月　日在学確認

昭和　年　月　日在学確認

昭和　年　月　日在学確認

変更現住所

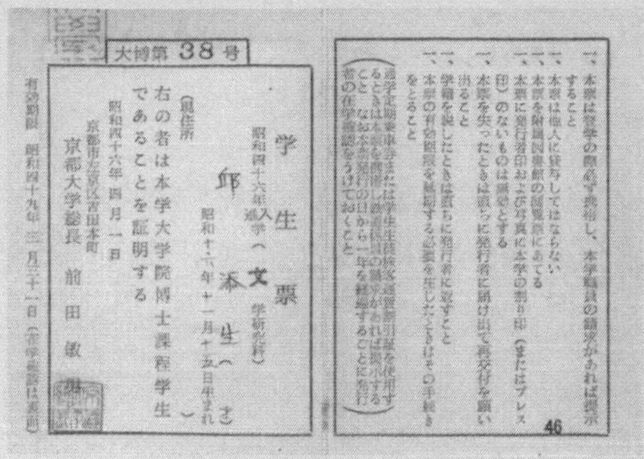

大博第 38 号

学生票

昭和四十六年入学（文学研究科）

邱添生

昭和十六年十一月十五日生まれ

右の者は本学大学院博士課程学生であることを証明する

昭和四十六年四月一日

京都大学総長　前田敏男

有効期限　昭和四十九年三月三十一日

46

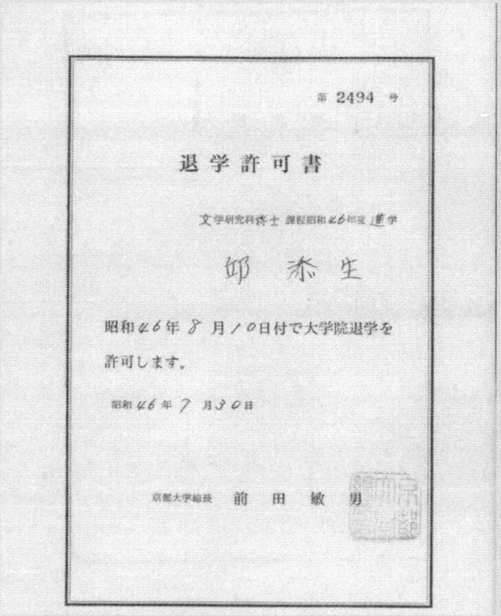

第 2494 号

退学許可書

文学研究科博士課程昭和46年度進学

邱添生

昭和46年8月10日付で大学院退学を許可します。

昭和46年7月30日

京都大学総長　前田敏男

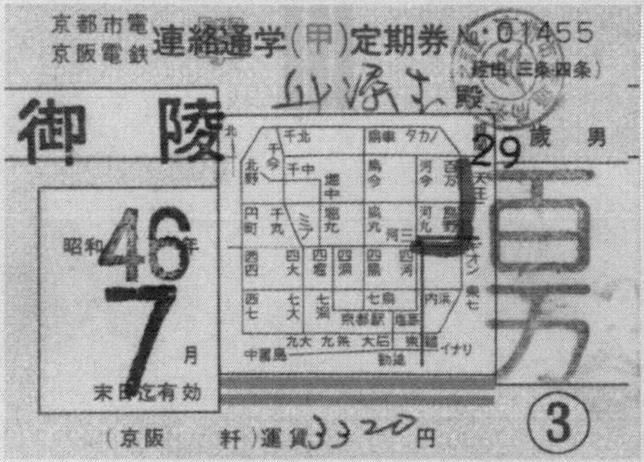

京都市電
京阪電鉄　連絡通学（甲）定期券 No. 01455

経由（三条四条）

山添生　殿

御陵

29 歳 男

昭和46年7月末日迄有効

（京阪　軒）運賃 3320 円

③

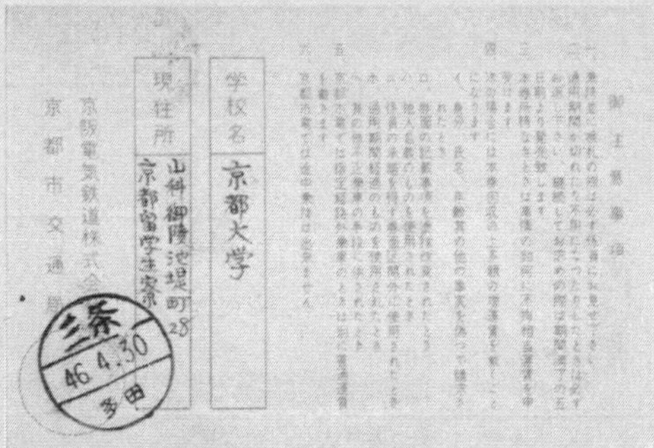

学校名　京都大學

現住所　山科御陵池堤町28　京都留学生会寮

京阪電気鉄道株式会社

京都市交通局

三条 46.4.30 多田

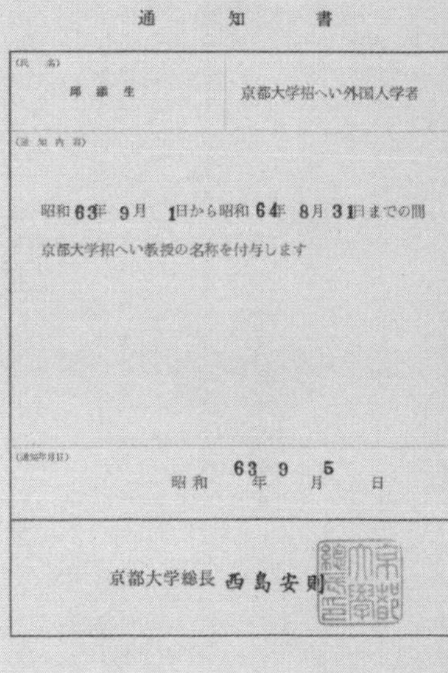

通　知　書

（氏名）	
邱添生	京都大学招へい外国人学者

（通知内容）

昭和63年9月1日から昭和64年8月31日までの間

京都大学招へい教授の名称を付与します

（通知年月日）

昭和63年9月5日

京都大学総長　西島安則

①② 昭和46年，京都大學博士學生證（正反面）

③ 昭和46年，博士課程退學許可書

④⑤ 昭和46年，日本電鐵車票（正反面）

⑥ 昭和63年（1988），京都大學招聘教授通知書

①	②
③	④
⑤	⑥

（四）課外遊歷

京都大學東洋史專攻的同學們除了唸書以外，也會一起出外參訪。有一次是到比叡山，上面有個廟叫延曆寺，是日本天臺宗的大本山，曾經勢力很大，和尚組成軍隊叫「僧兵」，從山上打下來，打到京都御所。

還有一次是一起去郊遊，英文叫hiking，日文叫ハイキング，就是爬山。也有過大型的活動，是整個東洋史專攻共同參加的，包含大學院（即研究所）博士班、碩士班的同學，還有大學生。因為大學部三年級、四年級，也有若干課程是跟研究所一起上的，所以大家相處挺融洽。

京都市在日本的行政區劃屬於京都府。原來，日本的行政區劃有一個都，就是東京都，是首都；還有一個道，就是整個北海道；另外設有兩個府，一個是京都府，一個就是大阪府；其他則是四十四個縣，如青森縣、山口縣等等。雖然名稱不同，但無論都、道、府、縣都是一級單位。一般講「京都」大概都是指京都市，京都市是京都府裡面的一個市。京都府的範圍，可以一直延伸到北邊的日本海。在瀕靠日本海那邊有一個很有名的景點，叫作天橋立（あまのはしだて）。那是日本三景之一。所謂「日本三景」，好像是哪一位名作家講的。日本三景的另一處是位在廣島，廣島附近的宮島神社（みやじまじんじゃ），宮島神社的鳥居是紅色的，很大，在海邊。退潮的時候，整個裸露在陸地上，可以徒步走到鳥居底下；但一漲潮的話，就只能看到鳥居上半部，底下的部分都被海水淹掉。還有一處是位在日本東北的宮城縣的仙臺附近，有個地方叫松島（まつしま），此處也是一個海灣，靠太平洋，那裡有一百多個小島，採蚵仔很有名。所謂「日本三景」的三個景點我都去過，但我覺得還是天橋立最好。

天橋立為什麼叫天橋立呢？它在靠日本海陸地這邊，是一個長條型的沙洲，綿延長達三、四公里，而寬度卻大概只有一百多公尺，最窄的地方更只有三十幾公尺，上面種著許多松樹。為什麼叫天橋立，不遠之處有個寺廟，海拔大概一百多公尺，可以坐纜車上去，再從上面以彎腰自兩腿胯間俯視眺望，稱作「股のぞき」，可以看到一條長長的綠色的東西拖曳在海灣中間，看起來像是豎立在天上的橋一樣，要身體彎腰倒著看，很有意思。記得是在一九七〇年的夏天，東洋史研究室的同學曾經到那邊去避暑，辦了一個名為「夏の家」的活動，除了瀏覽天橋立的美景之外，很巧的在中午野餐的時候，偶然發現靠海的地方有一座簡單的墓。我起先不知道，後來有一位日本同學告訴我這裡有個傳說，說這個墓是徐福的墓。他是經由日本海過來在這裡登陸，死後葬在這邊，就是徐福の墓。其實日本有許多有關徐福的傳說，位在太平洋岸，也就是瀨戶內海邊的和歌山県，那裡屬於紀伊半島，在名古屋的南邊，奈良的東南邊，該縣境內的新宮市，也有一個徐福墓，範圍比天橋立的徐福墓還大，我也參觀過，而且那裡居住的華僑比較多，特別重視這個傳說，還弄了一個徐福公園，裡面有石頭碑碣刻著「秦徐福之墓」。總之真正的徐福墓，到底是哪一個？並無定論，其他還有數種不同的說法，因為徐福到日本終究不過是個傳說而已。附帶一提的，朝鮮半島對箕子陵的重視和日本對徐福墓的重視都是早期的事。朝鮮半島也好，日本列島也好，因為早期對於對中國古文化的傳承非常注重，為了跟中國文化產生連結，才對這種傳說加以強調。其實這些古蹟，箕子的陵和徐福的墓都是假的，是偽造的。為什麼偽造？

就是為了要聯繫中國文化。

傅斯年撰有〈夷夏東西說〉一文認為夷居東邊，殷商即屬之，是以鳥為圖騰；夏居西邊，則以蛇為圖騰。蛇圖騰來自西南方，鳥圖騰來自東北方，後來契丹和女真也都有這類的傳說。《詩經‧商頌》裡說：「天命玄鳥，降而生商」，可見殷商把玄鳥當作部族的祖先。司馬遷在《史紀》卷三〈殷本紀〉也講殷的祖先是契，母親叫作簡狄，見玄鳥墮其卵，取而吞之，因孕生契，也強調是玄鳥的後代，所以這種傳說是在東北方的。傅斯年根據這些傳說，以社會學圖騰的觀念來看遠古歷史的發展，認為殷商最原始的棲息居住地區，很可能就在東北，即今朝鮮半島北部，所以當時周武王把箕子封在那裡，就是叫他回到老家。是不是真的這樣子不曉得，但是早期的朝鮮就把這個當作史實，甚至建立一個箕子的陵來祭拜；不過，後來就不一樣了，在其民族意識高漲以後，他們改講檀君，有關檀君的傳說大概在十二、十三世紀出現，是《三國史記》完成以後才有的。這時的朝鮮說自己的祖先是檀君，就像漢民族講黃帝一樣，都是傳說的人物。朝鮮把檀君傳說拱上去，就不再談箕子。金日成時代還特別蓋檀君陵，相當盛大。

日本也是一樣，徐福的墓在近代以前很風行，甚至用公典祭墓，可是明治維新以後談「去亞入歐」，接受西方思想，雖然承認日本與中國文化的聯繫，但像這一類的傳說，慢慢就沒有了，所以現在日本學者會談徐福的很少，反而是中國學者比較喜歡談。

回過頭來講在日本的閱歷。日本四季分的非常清楚，尤其在京都更是如此，最漂亮的是在春跟秋。冬天也不錯，夏天最不好，沒有看頭，只有綠葉。每一個景點，像金閣寺，春天跟秋天都不一樣。總之同一個地方，四季都各有不同樣貌。說到對我們學歷史的而言，最值得一遊的地方還有奈良。奈良的歷史比京都還要早，名勝古蹟很多，像東大寺、春日大社、法隆寺和唐招提寺等等，都跟建築有關，而之所以都是寺廟，是因為日本信仰佛教。

四、返國

（一）國內老師的來信

一九六〇年代末、一九七〇年代初之際，日本各大學學潮鬧得很厲害，我畢業的時候是一九七一年，學潮已逐漸緩和，畢業典禮勉強可以舉行，只是比較草率而已。京都大學和東京大學一樣，學生都不太參加正式的畢業典禮，不像臺灣的畢業典禮，總是弄得很盛大。日本現在還是不是這樣不曉得，以前很少人有意願參加，更何況是在那個學潮盛行的時候。不過，校方還是在時計台二樓的大禮堂舉辦了簡單的畢典。那時候京大的校長是農學部的教授，叫奧田（おくだ）東（あずま）。鬧學潮他也很辛苦，學生會去找他，要求校長進行改革，常常弄得筋疲力竭，卻又不能叫警察。因為民主國家的警察是不能進入校園的，只能待在校門外面。奧田校長主持了畢業典禮，我也有參加，只是參加的人不多，我們也沒有穿碩士服，算是很簡單低調的一個典禮，也沒有自己慶祝。畢業後我去考博士班，同樣又一個審查委員會，針對個人的碩士論文來問。

我不只想過繼續念博士，也實際報考，並且獲得錄取，註冊開學之後，領取了正式博士課程學籍的學生證，可以一直用到一九七四年（昭和四十九年），也就是說在這三年期間（一九七一－一九七四）可以修博士課程，具有正式的學籍，但是我只念完一個學期，從四月一日學年開始，到七月結束，我八月中就回到臺灣了。之所以不繼續念完課程，與當時日本國立大學文法領域的博士學位不輕易頒授，難以取得有很大關係。

那時候京都大學的學位，我們稱為「論文博士」。修完三年的博士課程，只是修滿學分而已，等於是初步完成從事研究的基礎工作，通常就叫「博士課程修了」，並不立即授予學位。正式學位什麼時候給呢？必須出去外面工作，不管教學也好，作研究也好，一方面從事工作，一方面不斷的發表，經過一段相當的時間，通常是十年以上，再把所有的研究成果，彙整撰寫完成一部具有獨特創見的專著，再以這部專著向學校提出學位的申請，之後還要經過相當嚴格的審查程序，曠日廢時，當時難就難在這裡。

當時我想，雖然文部省的公費獎學金可以繼續支給，因為指導教授的推薦，所以接下來的三年都沒有問題，還是可以生活無虞；可是，就算再花三年修完博士課程，直到一九七四年，頂多就是「博士課程修了」，並沒有正式學位，回臺的話，還是只能以已經正式取得的碩士學位來找工作，多花這三年時間，實在很不划算，剛好李符桐老師擔任母系的系主任，他寫信要我回來系裡任教，我就遵從師命，答應回臺灣了。

李符桐老師研究蒙古史，是我大學時代最早接觸歷史課程的老師。我最初考上臺師大是在數學系，數學系有必修課程「中國近代史」，就是李符桐老師教的。我在數學系有很多同學，像曾經當過總務長的李虎雄，是數學系比我晚一屆的學弟，他常打趣說我是被李符桐老師帶過來的，搶過來的，才會轉到歷史系（當時是史地系歷史組）。進歷史系後我也上過他的課，大四的時候他是我們的導師，帶著我們畢業旅行。他任教臺師大之前，曾在省政府教育廳當過督學，師母錢蘋教授是教心系資深且知名的教授，很照顧我，對我非常好。

當時，臺師大文學院的院長是地理系的沙學浚，很有學術權威，那個時代學生輩私底下都稱他沙皇。李符桐老師對我說，你現在碩士學位已經完成，正式的博士學位還不可預期，乾脆回來好了，系裡也需要你。至於沙院長，他人很好，也希望我回來。記得在一九七〇年，他到德國去開會，結束以後，繞到美國夏威夷看朋友，然後到日本來，想到京都大學看看地理學界的學術環境及一些學界友人，因為當時臺師大地理系有一位陳芳惠教授，也是京大畢業的，她認識一些京大地理學界的師友，但她已經回來了，沒有在那邊，只有我在那邊，所以沙院長就寫信跟我聯繫，希望我帶他去見京都大學的人文地理學的教授。他當時住在京都火車站附近的Prince hotel，我到那裡去接他。從火車站到京都大學，我帶他坐京都的電車。那時候京都有市內電車，在街道上走（現在已經沒有，都地下化了，像臺北捷運一樣）。這種地面電車搖搖搖晃，沙院長很高興，說坐這個電車可以看到外面的風景。我帶他到京大，見到了浮田典良教授。本來我也不認識浮田先生，是因為陳芳惠老師的介紹，才帶著沙院長去見這位教授，他們相談甚歡，所以說沙院長對我印象很好。我想這樣一個機會，加上到日本之前也曾在系裡當助教，現在能回自己母系最好，博士學位以後再說。

在修讀博士課程中途退學，我們叫作「中退」，還必須要正式申請辦理退學同意書。其實，日本的學者有很多是這樣的情形，像我曾上過課的恩師竺沙雅章，大學畢業後就留在人文科學研究所，這是京大所屬的一個研究機構，他後來才從那裡回來文學部當助教授。他出了專著以後，透過其書中的著者介紹，我才知道他也是「京大博士中退」。甚至後來聽日本有些學者講，大學博士課程中退，人家認為這個比較厲害。為什麼要中退不把課程念完？因為以後還可以申請，中退就表示你有人要，很優秀。我當時的確多多少少也是為了這樣的思維概念，想說回來系裡求職，既然系裡剛好有這個機會，我也想為母系盡一點心力，況且回來有國立大學講師的正式工作，因為當時只要有正式碩士學位就可以擔任講師，以前當助教時還要負責辦理一些雜務，如今當講師就純粹是教學和研究。

雖然自博士課程中退，將來如有必要取得博士學位的時候，還是可以申請。只是一旦從事教職以後就比較難，因為京都大學在人事、學制等各方面都會有很大的變化，以前上過我們課的師長都退休了。如果他們還在職的話也許可以幫忙，但是換了新的專任教授，都不認識的話就比較麻煩，所以我就沒有再去申請學位。後來這種制度在日本國內也受到很多的批評，例如許多報章雜誌的輿論，特別提及對於留學生應稍予放寬，因為日本要國際化，國際化就必須招攬更多外國留學生，如果校方對學位授予的要求仍然這麼嚴苛，尤其博士學位，很多人像我一樣沒有念完就回去了，這樣實在會留下遺憾。所以，輿論一再呼籲至少讓外國留學生課程修完且學分足夠者，可以提出論文，並在通過審查後給予學位，後來去的留學生有很多都是這樣拿到學位的。現在國人前往就讀京都大學拿到學位的很多，只是拿到學位回來不一定有機會發展。

（二）兩次赴日進修

回系上任教了九年，也就是一九八〇年的時候，日本的交流協會邀請過去拿過國費獎學金的留學生，無論是在大學任教、在研究機構，或者在社會上其他單位，對學術研究或對臺灣的社會各方面有貢獻的，回去日本作短期研修。一般這個計劃，日本政府會補助三個月的經費，但是因為日本跟臺灣已經沒有邦交，就只有補助三個多禮拜。當時交流學會支助我二十幾萬日幣，我利用寒假的機會，去了快一個月。那次重要的收穫就是回到母校京都大學，認識了谷川道雄先生。谷川先生是我京都大學的學長，但也可以算是老師輩。因為我在日本留學的時候，他已早自京大畢業，赴名古屋大學任教。一九八〇年，谷川道雄已經回到京大擔任專任教授，本來他跟我的領域最接近，過去因為我在京大念書，而他在名古屋大學任教，一直沒有機會跟他見面，所以那次我重返京大短期進修，就親自到他研究室拜訪，他很高興，人很親切。

當時東洋史學科的主任教授是島田虔治。我還在京大念書的時候，他的專任職務在人文科學研究所，曾經在文學部開設明清思想史的課程，我也去旁聽過。

另一次比較重要的重返京大進修是在一九八八到一九八九年，那一年我特別申請獲准國科會的補助，重新回到京大做研究。國科會是按照世界各個地區的生活水準給予經費的，因為日本生活費算是滿高的，所以補助的經費也比較充裕。我回到京都大學擔任招聘教授，也就是臺灣國內所稱的客座教授，那一年的收穫最多。當時我的老師佐伯富、佐藤長早已退休，只有竺沙雅章還在，主任教授是谷川道雄先生。整整一年，我就在京都大學從事有關史學史的研究，蒐集到不少資料。此外，一九八九年五月下旬在京都召開的第三十四屆「國際東方學者會議」上，我應邀以特別來賓身分出席，並以「唐代における設館修史の制度について」為題，使用日語發表專題演講，獲得當地學界之重視，也算是為臺灣推展國際學術交流略盡棉薄之力。

在京大擔任招聘教授期間，主要是跟谷川先生共同研究，他當時是主任教授，我們一起主持課程，其實也可以說是聽他的課。換句話說，他開設的課我們一起上，所以我是學生，也是老師，跟其他學生一起討論。事實上京大大學院（研究所）的課是採用討論的方式，並不是說像你們現在在大學部的課堂上只要聽老師講或做做筆記。我記得當時谷川先生開的課程所採用的教材是顏氏家訓。

剛才提到谷川先生於京大畢業以後，是先到名古屋大學任教。名古屋位於愛知縣，而其鄰近的岐阜縣有個叫「下呂」（げろ）的溫泉勝地，據稱是日本的三大名泉之一。谷川先生在那裡有一棟別墅，本來是要買給他的岳父、岳母休養居住的，後來岳父、岳母不在了，空在那裡，偶爾在夏天去避暑。我於一九八九年七月初，也曾到那裡住一個晚上，受到谷川的熱情款待。隔天，我們到附近很有名的合掌村，這是聯合國登錄的世界文化遺產。

像谷川道雄這位學者，我起先也不認識他，一直到我從京大念完書回來，還是不認識他，只是透過著作才對他有些了解而已。直到一九八〇年二月，我首次重返京大做短期研究進修時，特地去拜訪他，才在他研究室第一次見面，之後彼此一直有書信的往來。谷川先生來過臺灣好多次，他是宇都宮清吉的學生，一九八七年谷川應聘要到臺大當客座教授，行前去探望恩師宇都宮清吉。那時候宇都宮先生已經八、九十歲了，很懷念自己的母校，他跟谷川先生提到，聽說韓國民族性比較不一樣，國內很多日治時代的建築都被毀掉，連朝鮮總督府都把它拆掉了，而另外蓋青瓦臺；但聽說臺灣的總督府還在，我的母校臺北高校那紅磚的建築也都還在，你到時候不妨替我去看看。日治時代臺北高等學校的校舍，也就是現在臺灣師範大學，所以我就藉谷川先生來臺講學之便，請他到師大來為研究生作一次專題演講。在演講之前，我先帶他參觀師大校園，到了對面的圖書館，旁邊有孔子的雕像，我幫他照了個相，他很高興的說孔子是至聖先師。接著過來校本部，因為演講的場地是在系上的教室，當時谷川先生指著大門進來的第一排紅磚建築說：「這就是我的老師說的紅磚教室！」原來他的老師以前就在那棟樓念書，我說「那拍個照，帶回去給老師看吧！」正要拍照的時候，卻發現有個銅像豎立在建築物前，我告訴他那是蔣介石像，谷川先生就說他是當年的軍閥，與剛才在對面的孔子不同，請盡量避免，以免破壞畫面，只要照到另外一邊的紅磚建築物就可以了。於是就這樣把照片帶回去給宇都宮清吉看。

比較這兩次重返京都大學進修時，發現日本都有很大的變化：一九八〇年那一次，距我畢業的一九七一年，為時將近十年，直覺最大的感觸是學校安靜很多，因為我在京大念書的時候正值學運盛行。一九八八－一九八九年那次，大概又過了十年，發現整個日本社會的變化似乎更為明顯。當時看報紙提到，日本外來語太多，幾乎已經到了外來語氾濫的地步。一般來講，日語中針對歐美來的那些用語，往往直接照發音以カタカナ翻譯，變成一個外來語，諸如此類的用語很多，弄得日本人自己有時候都搞不清楚，所以說外來語氾濫。以前我們買的外來語辭典，現在根本不能用，因為很多新的語詞都查不到。日本就是這樣一個能持續求新求變的國家，不斷吸收新的東西。還有，關於學位取得的問題，當時是一九八〇年代末期，也出現不少輿論，大肆批評以前那種故步自封的制度，特別對於外國留學生。既然日本再三強調國際化，卻因為吝於頒授博士學位的關係，迫使東南亞很多國家的學者都不太有意願來日本留學，寧願到歐美等國去比較快，是不是應該要稍微開放一點。由於不斷有這樣的呼聲，後來就有相當幅度的改進，因此在日本獲得博士學位就不再像以前那麼艱難了。

我第二次重返京大進修的那一年，整個世界局勢也有大變動，其中最為轟動的就是中國發生天安門事件，當時已有部分中國學者出國進修，我在京都就遇到一些。還記得一九六〇年代末期時，我還在京大念書的時候，一個中國學者都沒有；而一九八〇年第一次重返京都進修，雖然時間很短，接觸不多，但已經有少數中國學者出國到日本來念書，並且也有一些關於他們的傳聞。中國學者一群人一起出來，聽說他們彼此是互相監視，講話的時候，都是顧慮這個顧慮那個，只有在單獨一個人的時候，他才會跟你滔滔不絕的講出真心話。

一九八八年到一九八九年的話，因為改革開放，所以到日本的中國學者更多，而日本學者似乎對於中國學者也很照顧。當年發生天安門事件時，中國的學者也很尷尬。比方說，我那時候認識一位來自中國大陸的留學生，他正好在京大東洋史專攻念研究所的課程，從碩士念到博士，他的夫人則是念化工，也在京大。他們當時就覺得很尷尬，因為國家竟然發生坦克車碾壓抗議學生這樣的慘事。後來他畢業了，也就回去中國就業，目前據說是在南開大學任教。

那一年的時間裡，日本國內也發生很大的變化，因為我去的時候，昭和天皇還在，是昭和六十三年（一九八八年），但他的身體處於癱瘓的狀態，沒有任何活動。到了第二年的昭和六十四年（一九八九年）的年初，因為他仍活著，所以該年鑄造的銅板還有發行。我在年初到銀行，領的是這一年份新的錢，沒想到才一個禮拜，天皇就過世了。昭和過世後換了平成，也就是現在的明仁天皇。由於昭和六十四年版的銅錢已不再發行，因而其數量比較少，所以現在如果擁有這年分的銅板就很有價值。至於演藝界最轟動的事件，則是流行歌后美空雲雀的過世。

簡而言之，我兩度重返京大進修，感受到的心境，當然有不一樣。總覺得日本越來越開放，資訊越來越多，看得我們都眼花撩亂。單是一九八八到一九八九年，我過得很充實，從事唐代史學史方面的研究，在京都大學裡面收集了不少資料。以那個時間點而言，臺灣跟中國雖然有一點交流，不過有些資料臺灣還是看不到，而京都大學都大量完整收集保存，我影印了不少中國學者寫的文章。

（三）與日方師友的聯繫

自從一九八九年二度重返京都進修結束回到臺灣以後，我幾乎每年都會去日本一趟，不過這就跟學術研究沒有什麼關係，主要純粹去旅遊。因為我太太她很喜歡到日本，尤其是京都，像京都的生活文化氛圍，她都滿喜歡，所以每年我都會去一趟，甚至有時候一年去兩次，今年（二〇〇九）還沒有去。去日本自然會拜訪往昔在日本的師友，但主要還是自己四處觀光。不只到京都，其他不少地方我也曾去過。像有一年（二〇〇三）到四國，四國的總面積比臺灣小一點，共有四個縣，即香山縣、德島縣、高知縣跟愛媛縣，那年我們是環繞四國一周旅遊，接著取道京都，最後則從大阪回來。事實上，我在一九七一年結束京都大學課程（即「博士中退」）要回來之前曾經做過個人旅行，周遊四國走過一趟。那時候是請日本交通公社幫我規畫行程，訂好交通跟住宿，然後自己一個人玩。這次（二〇〇三）則是我跟我太太再走一趟，重遊四國一周。不過，近幾年赴日旅遊，都是我的兒子幫我規畫所有的行程。現在由於有網路很方便，所以無論住宿或是飛機票都可以事先訂好，甚至在日本想到哪些地方的車票也都先行處理妥當。日本交通真的很方便，不管短途或長途，時間表都清清楚楚，從哪裡到哪裡坐哪一班車，停車大概幾點，可以玩多久，通通都可以事先安排好。

當初我一直在京大唸書，主要活動範圍，都在前述的「京阪神」地區，直到畢業回來，竟然還沒有到過九州。那時候也很保守，一味的就是念書，無暇也無錢到處跑。到了要畢業的那一年，首度離開本州，卻也只到過四國，其他像北海道、九州都沒有去過，而是回國以後，教了好多年書，慢慢有一點時間，才跟我太太當作旅遊四處看看。所以九州去過幾趟，北海道也去過一次，還有東北地方，剛剛講的松島，也是三、四年以前，跟我兒子、太太一起去。現在退休了，體力慢慢不行，行程比較不能排得太緊湊，要比較舒緩一點，這樣才比較有悠餘的時間，細細的品味旅遊樂趣。

1. 老師輩

在日本的幾個比較尊敬的師長，像佐伯富、佐藤長兩位恩師，都在近幾年內先後作古。至於師祖輩的宮崎市定，更早在一九九五年就以九十五歲高齡去世了。宮崎市定是我老師的老師，我入學京都大學的時候他已經退休，所以沒有上過他的課。不過好幾次赴日旅遊，只要到京都，我都會去拜訪他。宮崎市定的家位在自京大前往銀閣寺的附近，距「哲學之道」也不遠。我去過幾次。他們家只有夫婦兩個人居住，有一位女兒嫁到加拿大。我最後一次去拜訪他的時候，他也將近九十歲了，還是很謙遜，有長者風範。送書給我，當場就親筆簽名。有一次還簽錯了年代，他把日本昭和的年代，竟然當成西元的年代。雖然如此，卻讓我更珍惜這本贈書。

我的指導教授佐伯富自京都大學退休以後，就住到琵琶湖西邊，那裡有個地方叫做堅田，是比較大的車站，再過去有個較小的車站叫和邇（わに），附近有個山坡地，他在那兒買了一棟別墅。只要我到京都，一定會從京都火車站坐一條沿著琵琶湖西岸的湖西線，專程去拜望他。因為堅田是快車停靠站，而わに只有普通車才會停，所以老師叫我們先坐到堅田，再叫計程車上去。老師可能想說這樣比較方便，因為快車班次多，但我還是習慣坐普通車到わに，再步行上去。隔年以後，我發現這兩個火車站中間，又多了一個車站，叫小野（おの）。我問我的老師，怎麼多了這個車站，他說以前隋煬帝的時候，曾經有一個遣隋使叫小野妹子，他在大業三年的時候，出使到隋朝帝國向煬帝呈送國書，其中寫道「日出處天子致書日沒處天子無恙」云云，結果，煬帝覽之不悅，乃對鴻臚寺（相當於現在的外交部）說：「蠻夷書有無禮者，勿復以聞」，意思是說這些蠻夷之邦，其國書有這樣不禮貌的，以後就不要呈送上來了，在《隋書・東夷傳》保有這樣的記載。日本就是為了紀念這位小野妹子，所以在他的故鄉所在地設了一個小站。

另外，還要說到佐伯富老師曾經獲得恩賜賞（おんししょう）的事。關於這個恩賜賞，日本專司皇宮事務的宮內廳，裡面有個叫學士院，是專門負責學術事務的機構。它每年會從全國挑選在各學術領域有卓越貢獻的，分文科跟理科，由專門委員審查，頒發學士院賞。通常文科跟理科各不超過十個人，再從裡面選出特別傑出的，文科跟理科各選一個，叫做學士院賞兼恩賜賞，等於是最高榮譽，這個獎是由天皇親自頒發的。我在佐伯老師家裡就親眼看到了這項恩賜賞的獎狀與獎盃，我還拍下照片留念。不過，佐伯富先生得恩賜賞時卻發生一段插曲，這說來話長。東京那邊有個叫藤井宏（ふじい ひろし）的教授，他也是研究鹽政的。佐伯先生獲獎的專著是《中國鹽政史の研究》，裡面關於牢盆（一個治鹽工具）的解釋，那個教授說佐伯抄襲他。事實上根本不是，佐伯自己早先就有寫過類似的文章，只是那個教授堅持提出控告，以致恩賜賞雖然已經公佈了，但在一九八八年度之內暫時不頒，靜待這件事情的進一步調查。那一年很煎熬，等於是在打學術官司，當時宮崎市定還健在，曾經為佐伯寫了很多文章辯護。

一九八八至一九八九年間，我去日本從事一年的進修研究，剛好遇上學士院正式宣布恩賜賞的調查結果，我們跟谷川先生，還有所有京都大學東洋史學專攻的好友，在碧光園有一個餐會（碧光園是羅振玉跟王國維逃亡到日本的時候在京都住的地方，後來被日本的菸酒公賣社拿去作招待所），我們正在用餐之際，電視新聞報導說今年恩賜賞已經正式決定了，仍然維持原在去年就應該給的佐伯富先生。那時候大概是二、三月間，我在當年八月要回來臺灣之前，我去拜訪他，他很高興，拿到恩賜賞的獎狀和獎盃，於是就擺出來跟我們一起照相。

至於我的另一位指導教授——佐藤長先生，他可以說是日本所謂的遺族，據說他的父親，以前是當警察的，還在臺灣任職過，後來大概是因公陣亡，於是佐藤先生就成了遺族。日本對遺族有優待，因而在京都御所（天皇住的地方）附近，也是京都地方法院的旁邊有一棟小房子，是政府特別配給佐藤老師住的家。

那雖然只是一棟窄小又簡單的房舍，卻因緊鄰御所，因此地段甚佳，每次過年的大年初一，佐藤老師都會請外籍留學生到家裡吃飯。佐藤先生沒有小孩，跟師母兩個人住，對我們留學生非常親切，所以每次赴京都旅遊，也一定會過去看他。他家位在市區裡面，距離不遠，交通又很方便。他退休以後，研究室要交還給學校，由於藏書很多，想搬回家，房子太小擺不下，就在京都南邊有個叫八幡市（やわたし）的地方，購買土地並蓋了一棟兩層的房子，據說是跟師母的妹妹共同購買的，把研究室裡的書通

通都搬到那裡去。從那裡到京都搭乘私人電鐵的火車，是從京都到大阪的，即所謂「京阪線（けいはんせん）」，可以坐到八幡市下車。佐藤老師退休後，每天從御所的住家出發，早上就到八幡市去看書研究，到了傍晚再回來，好像是到那邊去上班一樣，所以我們戲稱那棟房子叫「佐藤研究所（さとうけんきゅうしょ）」，我也去過。

基本上只要去日本開會或旅遊，我都會去探望老師們，但這些老師現在大多已經去世了。只有竺沙雅章還健在，住在京都南邊有個叫宇治市的地方，那裡有一座廟很有名，叫萬福寺，據說是宋代的一個中國和尚到那邊去開山的寺廟，所以主建築的大雄寶殿跟中國的很像，是屬於佛教裡面有一個宗派叫黃檗宗（おうばくしゅう）的，竺沙雅章老師的住家就在那附近，我也去拜訪過幾次，平時也會跟他聯絡。另外，像萩原淳平教授，退休以後移居靜岡縣，很早就過世了。

2. 同學

至於在日本的同學，也只有那時候念大學院（研究所）或是在學部認識的而已。

我們那一屆碩士班的同窗只有四、五個人而已。其中，有一位同學叫做西村元照，家住京都，是書香門第世家，畢業以後到神奈川縣的東海大學任教。前幾個禮拜還收到他的信，說明年就要退休了。這位同學年紀比我小，準備明年退休以後要搬回京都。他的父親叫西村元佑，研究敦煌學，也是研究中國經濟史的知名學者。我很慶幸有西村元照這位日本同窗好友，當時在研究室總是拼命的看書，什麼都不管，像那時盛行的學潮活動，他就是不參加。做人更是有情有義，我要回臺灣任教之前，他說你回去也在大學裡面，將來做研究各方面都需要很多資料，京都大學這邊有一個《東洋學文獻類目》的資料，我按時寄給你。另外，東京大學史學會出版的《史學雜誌》，每個月一本，出版的第五號會有一個主題，全部是上個年度史學各個領域的研究回顧。今年（二〇〇九）的五月號，就會詳細記述二〇〇八年史學研究的整體回顧。其分類為一般、通論，或是國史、東洋史、西洋史……等等，各領域都包括在內。至於中國史方面則會分斷代，每一個斷代，都請一位專業學者來寫這一年度在日本的研究成果，等於是回顧與展望，他說這一本對你的研究也很有用，以後每年出版時我也都買一份送給你。自從我一九七一年返臺之後，直到現在，他每年還是會寄《東洋學文獻類目》跟《史學雜誌》第五號給我，迄今未間斷，實在銘感肺腑。我們有一次全家赴日本京都旅遊，他剛好回到京都，於是也去他家拜訪。其實我從學生時代就去過幾次，據說他的祖父曾是琵琶湖附近滋賀縣的著名商人，經商致富之後，就在京都擁有這樣一棟很大的房子，後面附有庭園，整體看來相當豪華。

另外有位碩士班的同班同學叫原山煌，是研究蒙古史的，他年紀更輕，目前還沒退休。還有一位是學生時代少有接觸的，叫做氣賀澤保規，是研究府兵制的，也是唐史方面的知名學者，但是當初因為他熱衷學運，比較少有互動，畢業以後則專注於研究。此外，就是晚我一、兩屆的叫做夫馬進，現在是京都大學東洋史學專攻的主任教授，他與林麗月老師很熟，因為他是研究明史的，而且他和佐伯富老師一樣，以《中國善會善堂史研究》的專著獲得恩賜賞。他在我念研究所的時候是大學部四年級，當時就對元、明史很有興趣，由於正在鬧學潮而不能上課，我們都到學校附近的咖啡店，一邊喝咖啡，一邊討論功課。

五、留日影響——兼論京都學派

到日本留學對於我日後的研究當然有影響，看看我的著作目錄，就可以發現其中比較專業的，牽涉到歷史研究的部分，都是從京都學派的觀點探討。從較早發表的〈從政治型態看唐宋間的演變〉開始，接著陸續從經濟、田制、稅法、社會的結構等面向來看唐宋演變的文章，大概都是受到這個影響。對時代分期的看法也是一樣，秉持京都學派的論述。實際上所謂唐宋變革期這方面的課題，在臺灣的學界來講，以前似乎沒有人提及，而我回來師大歷史系任教，系裡於一九七二年年底辦了一次座談會，當時吳文星老師還是大四學生，他曾經找我、彭小甫老師和王文賢老師三位出國留學回來的老師談留學經驗，我在那次的座談會上就有談到京都學派關於時代分期的課題。

當時我提出這個概念，在臺灣史學界的影響似乎並不那麼明顯，一直到一九八八

①邱添生老師與宮崎市定先生於京都三十三間堂合影
②邱添生老師與谷川道雄教授於岐阜下呂合掌村合影

①|②

①邱添生老師與恩師佐伯富先生合影，旁有「恩賜賞」獎狀與獎座
②參加日本學士院陳列授賞式後的資料
③邱添生老師應邀於國際東方學者會議進行「特別講演」

① ② ③

年初，我在唐代研究學者聯誼會舉辦的第一屆國際唐代學術會議上，發表一篇文章，乃是從世族盛衰的面向去論述唐宋之間的變革。當時，講完之後，進行討論的時候，有一位臺大畢業而在清華大學任教的黃敏枝教授，當場提出一些唐宋變革相關的問題，才慢慢有人注意到這樣的說法。最近，中央研究院歷史語言研究所的柳立言先生，也相當重視這個課題，發表了極具廣度與深度的專論文章。中國方面更是近乎瘋狂，有關這類論述的文章超級多，甚至連專書都出現了。

中國自從改革開放以後，前往日本的學者越來越多，像北京大學有一位研究法制史的叫劉俊文，就曾經到京都作研究，跟谷川道雄很熟。後來有更多中國學者討論唐宋變革的相關課題，各說各話，盡情發揮，弄得像是有點走火入魔的樣子。事實上，所謂「唐宋變革」，究竟實質的意義為何？應該是我的《唐宋變革期的政經與社會》一書所講的那樣，是指具有劃時代意義的重大演變，而不是一般廣泛的說法，每個時代都會變，當然宋到元有變，元到明也有變，明到清也有變，所謂變革絕不是這個意思。時代潮流本來就一直在變動，歷史發展也應該是動態的，不是靜態的，一直是在進行變化之中。

換句話說，改變的重要意義必須是在於能夠隔開兩個不同的時代，才叫作變革，所謂唐宋變革正應作如是觀。內藤湖南很早就提到這個概念，並不是後來一般人家所講的那種。

關於唐宋變革的時代觀念，我還是認同內藤湖南提出的說法，也就是自唐至宋是中國歷史自中世轉向近世的過程，因為宋代有很多現象，呈現了近世的型態。宮崎市定、佐伯富兩位先生也指出宋是中國的文藝復興（Renaissance）。歐洲的文藝復興，一般來講，是脫離中古而進入到近世，準此以中國歷史來看的話，宋代就是中國的文藝復興，很多近世型態的新面貌都在宋代呈現，這是一個很大的變化，跟前面的時代完全不一樣，這才叫變革。

我本身是京都大學出身，撰寫的專題論著大多都跟京都學派有關，所以你要說我是京都學派，我也不否認，甚至以此為榮。至於為什麼叫做京都學派？嚴格來講，所謂的京都學派，不算是一個正式的學術名詞。可是這個名稱究竟怎麼產生的呢？曾有一位日本學者三田村泰助，撰寫了一本書叫做《內藤湖南》，由中央公論社出版，是一本介紹內藤湖南的書，根據他的說法，這個名稱似乎與郭沫若有關係。

一九二七年，也就是民國十六年，那時候中國國民黨清黨，造成「寧漢分裂」。不久，中共在南昌發起暴動，郭沫若參加這個事件，國民黨決定剿共後，他逃到日本去。郭沫若是研究中國古代社會史的，當時還年輕，曾經引用民國初年安陽殷墟出現的甲骨卜辭作為史料，發表了一些文章。

東京大學的學者認為這批甲骨是偽造的史料，根本不把他的研究放在眼裡；可是這時京都大學這邊的內藤湖南卻認為這些甲骨是新出土的原始史料，很有價值，所以這位年輕人寫的文章有意義。郭沫若對此非常感激，因為那時候在學界來講，他只是一個無名小卒而已，內藤湖南竟然能夠欣賞他的文章，於是就稱呼包括內藤湖南在內的京都大學學者叫「京都學派」。

事實上類似的爭議，在此更早之前就發生過。原來，東京大學剛成立的時候，成立了史學科，負責的教授叫白鳥庫吉，在早期日本東洋史學界是掌旗人物，他的老師是史學大師蘭克（Leopold Von Ranke，一七九五—一八八六）的學生，叫作力斯（Ludwig Riess, 1861-1928）。所以他受到德國的影響很深，對傳統中國史的看法相當富有批判性。在一九〇九年（明治四十二年），白鳥發表一篇叫做〈支那古傳說の研究〉，認為古代中國的堯、舜和禹根本不是實際存在的人物，而是夏周傳說的人物，是把漢民族的理想予以人格化的結果。他的見解引起當時很多學者的批判，認為是「堯舜抹煞論」。其中，批判最厲害的就是東京高等師範的教授林泰輔。林泰輔寫一篇文章叫〈支那上代の研究〉，還有一本書叫《周公とその時代》，好幾次批判白鳥庫吉的論點，為此他還特別把當時剛出現的甲骨文拿來當作證據，主張甲骨文為殷商王室所使用的卜骨文字，他可說是日本最早研究甲骨文的學者，他對甲骨文的正確理解，甚或毫不遜於劉鐵雲和羅振玉。他確信夏商周三代實際存在，也就是一般所謂的釋古派，而白鳥庫吉則是所謂的「疑古派」。「釋古派」和「疑古派」的論爭，在中國學界曾透過《古史辨》等書而展開，但那是一九三〇年代才發生的事。

後來郭沫若回到中國，在中國崛起。一九四九年中華人民共和國成立後，大概經過五、六年，一九五五年底中華人民共和國第一次正式派遣訪問日本的學術團體，團長就是郭沫若，全名是「中國科學院訪日代表團」。郭沫若到日本京都時，第一個要求辦的活動，就是趕快到內藤湖南的墳墓致敬，因為那時他已經不在了。內藤湖南的墳墓在京都大學要到銀閣寺途中的法然院附近的墓園，遺骨葬在那邊，頭髮則拿回他的老家秋田縣埋葬。郭沫若一到京都，探詢墓園所在，並要求盡速前往祭拜，以感念他先前對自己這個年輕學者的知遇之恩。

不論「京都學派」這樣一個學界熟稔的學術名詞是如何產生的。可是對於京都大學的「東洋學」，後來有人叫「支那學」，現在一般通稱它叫「中國學」，或叫「漢學」。對這個研究冠上的名稱，是不容否認的事實。在學界的研究裡，只要講到漢學或是中國學，通常一定會提到京都學派。京都大學的前身叫京都帝國大學，在一八九七年成立，比東京大學晚了整整二十年。一八七七年東京帝國大學成立，是日本第一所仿照西方學制設立的大學。二十年後，京都也設立了帝國大學。京都大學設立之初只有理工科大學，接著成立了法科大學、醫科大學；跟我們相關的叫文科大學，成立在日俄戰爭之後的一九〇六年，到了一九一九年，改稱文學部，相當於我們的文學院，然後一直到現在。

京都帝國大學剛創立的時候，就致力於突顯自己的獨特性。當初京都帝大要創設，出力最多的西園寺公望曾經說過，官僚的培養就交給東大，我們現在作為一個追求更自由的學問，以及真理的場所，有必要在京都，也就是這個文化古都，設立一個帝國大學。換句話說，首都已經遷往東京沒錯，但是那兒只是作為培養官僚的場所。至於作為研究自由的學問並追求真理的場所的話，確實有必要在京都成立大學。所以我們要談京都大學的特色，必須從這個角度來看。西園寺公望的意思很顯然是要為當時已經守舊、保守化的東京帝國大學，注入一股活血。一九〇六年成立的京都帝大文科大學，也是強調要突顯獨自的特色。這一點我引用一個學者叫狩野直喜（字「君山」）的觀點。他說過京都的學術研究跟東京的學風不能夠雷同，我們將設法發揮自己的特色。其後，也許就是為了要證明這一點，於是在京大跟東大之間展開了數起激烈的學術論爭。

早期比方說在西域史方面，桑原隲藏與白鳥庫吉之間曾就歷史地理的問題而爭鋒相對；其次有關女真人所建立之金代的兵制，京都方面有羽田亨，東京方面有箭內亙，兩者之間也有爭論。此外，關於朝鮮半島古代史，京都的今西龍與東京的池內宏之間也有論爭。這些都是比較具代表性的。不過，雖然這個現象所反映的是，京大的學者致力於要把京大存在予以明確凸顯起來的緣故。事實上，剛才提到的這些人全部都是東大出身，所以有人說從某個意義上來講，像是同一個家庭扶養成長的兄弟在爭吵的現象，也就是說他們全部都是立足在由東京學派之統率，白鳥庫吉所確立之西歐風氣的科學實證主義。如果說從這樣一個角度來看，要談京都學派的特色，真正能夠站在文化史觀的角度來看的，就只有內藤湖南了。只有他一個人，才是真正的所謂京都學派。

內藤湖南是很特殊的人物，他本身沒有很高的學歷，只從高等師範學校畢業，當過小學老師，後來轉往朝日新聞工作。所以當京大要聘請他來的時候，因為帝國大學的教職要經過內閣、文部省法制局的同意，起先並未獲准，後來是狩野直喜真正了解他的狀況，進而苦心奔走，才答應讓他先當講師，之後變成了教授，並且正式擔任京大史學科東洋史學的第一講座。

京都大學是以建設一座嶄新的、純學術研究的學府為目標，嚴守學術自由和大學自治的原則，並且強調自由主義學風。這也是京大從創校以來一直秉持的精神，更是京都學派的一大特色。京都學派學者在研究分際上的一項重要特質，就是反對日本從明治以來盲目崇拜西洋文明的思潮，積極推崇中國文化。比如說，京都學派的開山祖師內藤湖南，對中國文化就表示非常推崇與尊重，他不只重視中國歷代的文獻資料，也推崇歷來中國學者的治學方法，這一點與東京的白鳥庫吉明顯不同。

內藤講清代的考據學，認為從顧炎武、戴震和錢大昕他們的身上就體現了所謂實事求是的樸學精神，他並且主張透過互相參證、整理、排比和嚴密考證，對於確定事實跟正確選擇材料是不可或缺的手段，這些都是清代考據學家用的方法。事實上，當時在京都大學文學部，東洋史學也好，中國哲學也好，中國文學也好，三個專攻部門都有這樣的共識。

中國史研究除了剛才提的那些問題，還有一個很大的問題就是時代分期。京都學派的開山祖師內藤湖南首先提出中國的中世是從三國到唐代中葉，其後經過唐末五代的過渡期，到了宋代則開始邁入近世。可是，東京學派的學者卻主張宋以前仍是上古時代，到宋代才進入中世，顯然與京都學派的近世說不同，這也是兩者最大的差異。到現在只要東京大學出身的學者都偏向白鳥的說法，稱宋代以後是中世，而京都大學出身的學者則主張宋代是近世。

總而言之，京都學派所提出的唐宋變革之說，原則上東京學派也持同意的態度，只是兩者之間存在到底是從中世進入到近世，還是從古代進入到中世的問題。姑且不論是由古代進入到中世，還是自中世進入到近世，其實都是劃時代的變革，所以「唐宋變革」一詞是可以成立的。至於為什麼京都學派似乎比較重視唐宋變革的論題，大概與其開山祖師內藤湖南首先提倡有所關聯，所以每提到這個相關的課題，自然就必須從京都學派講起。

六、後話

這次訪問是以我到京都大學留學的相關問題為主，回來以後在系裡面任教和之後持續在國內的一些服務，則是另外一個課題，所以不談。我很希望這個留學的經驗，對你們年輕晚輩有一些參考，雖然已距今四十年了。下個禮拜，我們臺師大五三級畢業的同學要召開畢業四十五周年的同學會，有幾位同學會從美國專程回來。昨天還聽到一位女同學講到，她小孩都長大了，已經在外面工作。她現在也是美國籍，先生身體不好，需要她照顧，夫婦兩個互相扶持，而她又很想回臺灣看看同學，畢業那麼久了，都一直幾乎沒有再見到昔日同窗，本來擔心說先生身體這個樣子，怎麼回去臺灣，但是她的弟妹一直勸說：「你回去啦！你回去啦！這個我來照顧」。雖然心理覺得不太好意思，還是拜託妹妹陪她回來。

自臺師大畢業已經那麼久了，去日本留學也是三、四十年前的事，不過學歷史的

邱添生教授採訪照

邱添生教授與採訪者合影

就是這樣，過去的事情往往可以做很好的參考。當然現在的環境各方面都改變了，即使是京都大學，編制也改變了，留學情況也不一樣了。比方說學位問題，一九七〇年代我考上了博士班，也正式念了一個學期，卻「中退」回國。之所以會這樣，是因為當時的環境是像前面提到的那種情形，而現在這些問題都不存在了，所以現在如果有機會去就要好好唸。尤其像我這種情形，有獎學金的補助，更不要放棄，把學位唸完，拿到學位再回來。

原文刊登於《臺師大歷史系電子報》第十一期（二〇一三年五月），由碩士班楊憶頻同學採訪。

魏秀梅

魏秀梅老師，臺灣苗栗人，民國55年（1966）國立臺灣師範大學歷史系畢業。歷任中央研究院近代史研究所助理員、助理研究員、副研究員、研究員、政治外交史組主任等職，現任中央研究院近代史研究所兼任研究員。主要研究清朝制度史，著有《陶澍在江南》、《清代之迴避制度》等專書，編纂《清季職官表（附人物錄）》等書。

一、目前國內學術環境嚴峻，不少大學畢業生雖有心研究，但仍選擇就業，老師您是否在大學畢業時亦面臨類似的抉擇？又是如何走向研究之路的？

我於民國五十一年考入師大歷史系，五十五年畢業，當時規定必須到中學實習一年才能拿到畢業證書，在接到實習學校派令前，當時中央研究院近史所所長郭廷以老師委託系上助教，挑選幾位學生參與研究計畫的資料蒐集工作，我有幸被選上。且得到系上教授與實習學校校長的協助，調整了實習工作時間，便開始了白天在近史所參與計畫，晚上、假日在中學實習的生活。實習結束後，我也順利拿到畢業證書，但為了能專心在近史所研究，只好割捨了中學教書的工作。

當時參與的研究計畫是美國夏威夷大學社會學系楊慶堃教授與近史所合作，欲將清嘉慶元年至宣統三年實錄中，與社會動亂相關的資料，分成災荒、懲戒官吏、群眾運動、旌表四大類，並將附帶蒐集的官員升遷、任調資料等製成卡片，從計畫開始到結束共計一年九個月的時間。計畫結束後，郭師認為一個研究人員的基本訓練必須從整理檔案開始，故我在投入陸寶千先生主持的《教務教案檔》第六輯編纂工作的同時，也整理郭師讓我收集的官吏任免資料，經過五年編成了《清季職官表（附人物錄）》。

因此我之所以走入研究之路，係因郭師提拔，又當時近史所剛好與美國夏威夷大學有合作研究計畫，便因緣際會投入學術研究，後來覺得研究環境優美，引起興趣，一待便是四十餘年。

二、近年來制度史的研究較不受關注，對細節之考證往往需投入大量的心力與時間，故較不為年輕學子們青睞。然而制度往往是所有研究的基礎，重要性不可忽視。請問您當初為何選擇研究制度史？對於日後想走制度史研究的後輩們有什麼樣的建議？

我在近史所任職時有很長一段時間必須兼任繁忙的總務工作，佔去不少做研究的時間，因此只好將資料帶回家看，故選擇制度史研究，可以利用零碎的時間，盡量地閱讀資料；此外由於初進入近史所時即是參與清代實錄的整理工作，故在此基礎上從事官吏任免資料的整理，在過程中為免疏漏，我都會再查閱實錄一遍，又翻閱方志、傳記、文集、年譜等資料補充，尤其駐防各地副都統、辦事大臣、參贊大臣方面又利用北京中華書局出版的《清代各地將軍都統大臣等年表》加以補充，前後五年，方編成《清季職官表（附人物錄）》。

經過一連串的資料整理與收集，以及《清季職官表（附人物錄）》的編纂，我對資料的掌握駕輕就熟，也因此發現人事遞嬗與制度的連結其實就是一部鮮活的歷史，其複雜性比一般的專題更有趣，也更值得深入探討。此外由於是郭廷以老師的關門女弟子，我常提醒自己要爭氣，再加上學長們提攜愛護，才有今天一點點的小成就。

制度史的研究雖然重要，但是其實我很少鼓勵學生投入制度史，因為要耐得住寂寞，要坐得住，要很努力讀史料，須對細節考證投入大量的心力與時間，才能得到成果。研究時必先掌握史料，旁及他人研究成果，如《清代之迴避制度》，便是在我撰寫《陶澍在江南》時，大量閱讀臺北故宮檔案，如宮中檔、軍機處檔、上諭檔、外紀檔等，在這些龐大的檔案資料基礎上完成的。此外可先選擇小題目撰寫文章後，再擴大成大題目，如我研究清代迴避制度，就是先由科舉考試迴避制度研究開始，再撰寫任官迴避制度的。

三、對研究生而言，最重要的是論文，然而在求學過程中，需同時面對教學助理、兼職、學術文章寫作等其他時間與工作的壓力。老師您以往亦是研究兼行政職，是如何在忙碌繁重的工作中，取得兩者的平衡？

我當時兼管總務時，不但要管理工友、技工，還須負責採購、招標，做零用金帳，財產報表等等，工作繁忙，的確佔去不少研究的時間。但我多利用零碎的時間看資料，家務方面，得到家人許多的支持，就這樣也度過了繁忙的行政業務兼職期間。

然而我們以前不像現在有升等的壓力，因此比較不需要非得在一定時間內完成某項研究。只是不論是私人、家務還是研究工作，都必定要先擬定好計畫，分配好完成的工作量與時間，提高效率，方能同時兼顧。

四、歷史系的學子在現今的環境中，不論是就業或研究的前景都不容樂觀，請問您是否願意以前輩的身分給後輩們一些建議？又選擇研究這條道路，最重要的是什麼？

我們那個時候師大歷史系畢業就可以分發，但現在就沒辦法了，因此現在的確就業會比較困難，所以同學可以多方嘗試，不用一定限制在歷史學系的範圍內。此外，語文相當重要，有語文能力就可以看更多的東西，出路也比較廣。有機會的話可出國學習、開拓視野，我自己曾有機會出國進修，但因家庭因素而放棄，迄今仍懊悔不已。

若真的要選擇學術研究的道路，同學可以盡量多涉及相關的政治、社會學科，跟歷史研究結合，可擴展研究範圍。個性、天份對學術研究都很重要，必須要耐得住寂寞，此外需注重研究資料的掌握，如《清季職官表（附人物錄）》，雖然花費非常多心力與時間才完成，但是我在編纂過程中收穫很多；此外，多與同行討論切磋。回首四十年來所做的論文、專書，均拜編此書所賜，對我日後選題幫助很大，這些經驗分享希望能夠對同學們有幫助。

原文刊登於《臺師大歷史系電子報》第四十七期（二〇一六年五月），

由博士班杜祐寧同學採訪。

廖隆盛

廖隆盛老師出身農家，中學畢業於臺中一中，民國52年進入本系就讀，民國56年結業，於北市市立大直高中任實習教師一年。民國59年本系創立研究所，廖老師考入研讀，民國62年畢業，留系任教。民國71年晉升教授，民國90年8月至93年7月擔任本系系主任，期間協助本系老師籌設臺灣史學研究所，另擔任教育部歷史文化網建置計畫主持人，推動國內歷史數位教學。廖老師主要研究及教學領域為宋史、中國近現代史與歷史教學，著有《國策・貿易・戰爭——北宋與遼夏關係研究》論集及其他論文，技術報告數十篇。廖老師於民國96年榮退，退休之後應聘為兼任教授，擔任「宋史專題研究」課程講授。

廖老師進入本系任教至今四十餘載，民國九十三年曾接受本校校友月刊訪談，憶述其研讀歷史的心路歷程及當時政治白色恐怖學術禁忌的經歷與見聞，有興趣的同學可以參閱。除了學術研究外，廖老師也參與了許多歷史教學的改進與拓展工作，今日請廖老師分享他參與歷史教學改革的歷程，如同帶領同學走趟時光隧道，回顧臺灣歷史教學改革與演變的重要轉折與過程，以供關心或有志歷史教學同學參考。

一、走上歷史教學改革之路：教學評量改革

廖老師最早參與歷史教學改革的項目是「國高中教學評量改進」。過去歷史學科總被人詬病是門「背多分」科目，教學和考試僅是為了考取優異成績以作為進入名校的敲門磚，既不能引導學生思考亦無法培養學生將來適應社會的能力。例如有高中招生試題，以選擇題形式提問，孫中山先生革命經歷幾次失敗或直接從課文挖空做為填充題。所幸，以背誦、填鴨為主的教學方法，在民國六十年代末引來先進教育學者的反思和改革呼聲。民國七十年，師大教育系研究教學評量的教授積極推動中學教學評

量改革，以引導國民中學教學正常化，他們的建議得到教育行政當局（臺灣省教育廳和各縣市教育局）的支持。

由於臺灣當時盛行考試引導教學，故改革教學必先自教學評量命題入手。民國七十一年起，教育廳將高中聯考由各聯招區自行命題方式改為統一命題。升學考試分別組成高中、高職聯合招生委員會，各科由兩三位命題高中職老師入闈出題，並聘請教育心理測驗學者、各學科專家，指導命題作業，反覆檢視修改題目，提升試題品質。並於考前公布命題注意事項及命題要點，務求考題靈活、深度，減少死板空洞試題。廖老師自民國七十一年暑假入闈高職聯招命題，擔任指導教授，直至民國八十四年制度變更方告結束。

另外，自民國七十三年起，教育廳又成立臺灣省高級中等學校招生入學考試命題研究改進委員會，由各科命題指導教授組成，每年各科分別撰寫報告，作為命題依據。研習會除提示命題改進方向，更帶給當時中等學校歷史教師吸收史學最新研究和教學方法的機會，讓歷史老師能持續提升學識基礎，進而在教學現場發揮所學以惠莘莘學子。

為提升試題品質，臺灣省教育廳在民國七十九年又啟動「國民中學各科教學及聯招情況調查與輔導工作計劃」，收集各校段考試題，分析評鑑提出改進原則，此計劃交由本校相關各系執行，以歷史科而言，這項工作自然就由本系負責。此項改革須經過時間積累方見成效，故成為以後數年的年度例行工作。時任系主任的鄧元忠教授將歷史科工作報告交予廖老師負責統籌，主要工作內容為撰寫教學與評量改進要點報告。計畫之實施由全省各國中彙送當年各次段考考題，至本校相關各系研究，分析評鑑試題的品質撰寫改進報告後，分區召集各校教師研習評量理論及命題原則。由於工作量龐大，廖老師再邀請多位本系老師分擔各年級知識題內容之分析，以教學目標中之記憶、理解、情意三大領域擬定統一表格，分析評鑑試題品質，最後由廖老師撰寫命題範例與分析結論，再分區召集各校教師研習評量理論及命題原則。

廖老師參與這項中學歷史科教學評量研習與聯招命題的改進工作直至民國八十四年，因制度變更才結束。這十餘年間，每年暑假都要入闈指導命題，也常到各校做教學或命題的輔導。雖然這些工作對自己學術研究影響不小，但此為師大不可避免的職責；事實上，這也是臺灣歷史教學改革的第一階段。

二、教改風潮：研擬課綱和審定教科書

臺灣的教育，自國民黨政府遷臺後，即制定反共復國教育綱領。國文、公民、地理和歷史被指定為民族精神教育的科目，由教育部邀請學者編撰，國立編譯館發行，是為統一教材的「部編本」。解嚴之後，臺灣各領域的改革開放風潮紛起，到前總統李登輝先生主政時期，過去的黨國歷史教育更成為改革的對象。民國八十四年政府廢止部編本，由教育部頒訂課程綱要，民間出版社編撰教科書，由國立編譯館邀聘專家學者組成審查委員會，審查通過後出版，供各校採用為教本。自此，單一的官方部編課本走入歷史，臺灣的中學教材進入開放多元的時代，這是臺灣歷史教育的改革進步。民國八十七年由國立編譯館組成教科書審查委員會，廖老師應聘參加，自此亦與高中歷史教學結下不解之緣。

課綱既代表教學核心思想，亦反映當時社會和教育思潮，應與時俱進，故每六年便要重新修訂課綱。八八課綱使用至民國九十四年，而後進行新課綱的擬定，此項工作最初由張元教授、周樑楷教授及其他對於歷史教學有理想的教授一起進行。當時課綱內容的教學順序，委員會決定高中第一冊範圍為臺灣史，第二冊是明代以前的中國史，明清至近代部分則併入世界史，引來當時輿論爭議；張元教授辭職，由周樑楷教授接任主持，廖老師被邀請加入課綱擬定委員會。對當時的課綱爭論，廖老師曾投書中國時報提出自己的建議：「中國史應以近現代史教學最重要，因除教學上的地理空間同心圓外，時間亦然，從自己周邊開始學習起，一言以蔽之：『略古詳今』。」

廖老師的時間教學觀念，來自於本校教育研究中心曾邀請廖老師參與研究中國大陸高中的歷史教育，雖中國大陸學者主體思想不離馬列框架，但中國大陸歷史教學著重近現代，古代史放在高三文組，廖老師認為實可供臺灣借鑑。雖經過爭議，但九五暫綱仍算順利完成，廖老師憶起當年九五課綱能成事，教改風潮以及本土意識抬頭是根本原因，包含大學自治（系主任選舉制）和廣設大學的輿論皆在此時蔚為主流，新課綱較符合教育改革開放思潮，自然也能獲得較多支持。而九五暫綱的完成，廖老師認為這是臺灣教育第二次改變，課綱確立臺灣同心圓概念外，同時也加入更新的教學評量概念，課本作業設計煥然一新。

三、精進臺灣歷史研究：籌設臺史所

廖老師在民國九十年時任系主任，當時民進黨政府執政，臺灣主體意識興起，因應臺灣歷史精進研究呼聲，教育部直接發文給各大學，要求限期籌辦本土研究之相關系所。廖老師回憶當時收到教育部來文距離提案送出，僅有數月時間，籌備過程只能用「匆促」二字形容，場地、師資、課程綱要……等具體內容都必須要安排妥當，所幸當時系內教授同仁對於臺灣歷史教育已有高度共識，很快便規劃好，順利通過系務、院務及校務會議審查，獲得教育部批准，臺灣歷史學研究所亦如期成立，順利招生，現在更是臺灣史研究重鎮。雖然現在說來僅寥寥數語，但在三年的系主任生涯中，此項工作讓廖老師最是安慰，一是本系同仁齊心齊力，發揮出本系團結及優越效率，二來符合臺灣對於主體意識的共識，三來為臺灣歷史教育專業領域再添成果。

四、數位時代的學習潮流：歷史文化學習網

因應數位時代來臨，國人對於網路教學平台需求日益加深。為此，民國九十年教育部成立電算中心，設立歷史文化、自然生態、生命教育、人文藝術、科學教育與健康醫學六大學習資源的數位學習網，並廣邀學者參與設置討論。但歷史文化方面遲遲無法確立具體實施的計劃，直至有次會議邀請本校教授與會，廖老師當時認為教育部在有限資源內僅六個學習網，歷史文化卻擁一席之地，是推廣歷史知識非常值得把握的機會。遂提出其心中構想，旋即獲得電算中心主管認可，採用廖老師提議為計畫建構，委請廖老師以計畫共同主持人的名義總責其事。廖老師有感於當時電視媒體已出現許多歷史知識相關節目，多由補習班或者非專業人士主講，討論內容往往荒腔走板、誤導大眾，為匡正大眾視聽；另一方面，大型計劃也有助於本系在校內教學推廣的地位，對於直接負責的本系財務亦不無幫助。考量各方面後，廖老師雖手上仍有未

完成的課綱與教科書審查工作，但仍毅然決然承擔此重責大任。此後邀集系內同仁，如吳文星教授、蔡淵絜教授、吳志鏗教授和石蘭梅教授……等人，策畫領域內容的設計，訂定網站的議題既不能太大也不能太小，亦不能和教科書脫節或過度雷同，撰寫內容完成後還要聘請專家來審定。當時工作同仁花了許多心力，努力完成這項使命。歷史文化學習網站架構規模訂定龐大，網站設置中甚至規劃耆老訪問項目，冀從最直接且生活可近性高的人物學習，帶領大眾深入地方鄉土、口述歷史，理解本土曾歷經的事件及地方產業特性。歷史文化學習網預期學習對象廣佈社會各個階層，廖老師理想中，希望不僅是學生，一般大眾也能透過強調「教育性、知識性、娛樂性」的歷史數位學習網，產生對於歷史文化的興趣與樂趣，接近歷史知識，培養歷史素養，建構正確知識，大多數的問題能在本站得到初步解答，以推廣正確歷史知識，提高全民文化素養。

廖老師回憶當時，雖然過著總是被工作追著跑的忙碌生活，但當中也結交許多對於歷史教學有熱忱的同仁和同學，亦得到他們的大力協助，並且當時臺灣歷史推廣活動特別蓬勃，不論教學內容、教具運用或遊戲交流都有非常多研討會，對於臺灣歷史教育界的交流助益甚大。在負責歷史文化學習網期間，廖老師與同事更是臺灣繞了好幾圈，收到來自教學現場的良好回饋。許多老師肯定歷史文化學習網的內容，例如中國史單元網頁有一子題敘述元帝國建立的推手，是忽必烈母親（托雷之妻），這是把課本未提到的重要知識提出，提升學習效果。當時歷史文化學習網亦引發很多討論，廖老師十分樂見這些學界跟社會的互動，除能夠打破學術研究者以往給人只在象牙塔裡頭的印象，並努力建立歷史教育的專業性外，尤其現在是全球化的社會，歷史知識的多元呈現和討論對於臺灣的國際化也有一定助益，了解世界脈動、增進臺灣與世界的連結。

而後廖老師於民國九十六年退休，民國九十七年政黨再次輪替，歷史文化學習網可能因教育政策改變沒有繼續推行，僅僅實現國中學生部分。廖老師認為此網完成度根本不到三分之一，很多活動方式都能不斷地改進，停擺實是憾事。

五、難解的歷史課題：課綱爭議再起

九五暫綱是暫行課綱，教育部於民國九十七年擬定正式課綱，但因國民黨重新上台執政，教育政策不同，遂將課綱擱置，並重組委員會。廖老師繼續擔任課綱擬定委員，受政治不穩定因素影響，擬定工作難以推行。課程安排意見不一，課綱爭論不斷，尤其第一冊《認識臺灣》引發不同看法的對立。期間課綱召集人三易其人，至民國一百零一年課綱才告完成，教育部審查通過，接著進行教材審查。但到民國一百零二年進入高三教課書審查時，部方又突然把所有審查委員解除任務，國家教育研究院另起委員會，又另聘幾位委員審視已通過審定公布的課綱，做出歷史科需做出調整決議，引發一部份高中生抗議，也就是所謂「微調課綱」爭議。

整體來說，廖老師認為教育部在這爭議處理非常不當，政府以幾近違法的程度干預教育學術問題，因課綱撰寫和教科書審定都是經過層層投票審查通過的，是政府法定文件，怎可由教育部和國教院找少數不專業的委員進行檢視和修訂內容，並犧牲了許多擁有遠大抱負和大好將來青年學子的正確學習機會。這次結果令人非常遺憾，課綱和教課書審查合法性蕩然無存，是非常壞的教育示範，此外這件事也凸顯臺灣的歷史教學專業和共識應更儘速建立，避免重蹈這次覆轍。

六、結語

對歷史教學領域的參與，歷時三十餘載，至此終告一段落。回首過去，廖老師樂觀表示臺灣的歷史教育已有非常大的進步，自己躬逢其盛，能有機會接觸這麼多歷史教育的問題，親身參與其事並取得一定程度成果，雖然一路上辛苦，但能為臺灣歷史教育付出，仍是件既幸運又榮幸之事。

註一：更多廖老師的求學生涯和人生歷程，請參閱本校校友月刊第三二三期（民國九十三年），頁三十四—四十。

註二：「教學評量改革」部分，廖老師提供當年工作資料：「七十九學年度國中歷史科教學情況調查與輔導研習會研習資料」和「臺灣省高級中等學校八十四年度招生入學考試命題研究改進委員會『社會學科命題科學性研究報告』」，特此銘謝。

原文刊登於《臺師大歷史系電子報》第五十六期（二〇一七年二月），由碩士班林怡玟同學採訪。

鄭瑞明

鄭瑞明教授，本系碩士班畢業後，曾至日本九州大學、荷蘭萊頓大學進行研究。曾任本系教授兼系主任，於2005年榮退，現為長榮大學臺灣研究所名譽教授。鄭教授為東南亞史的專家，專長於東亞海洋交通史、臺灣早期海洋史。

鄭瑞明老師四十年前就在師大任教，二〇〇五年退休，鄭瑞明老師是研究東南亞史的專家，因此想要趁這次系友訪談的機會，讓系上同學了解老師研究歷程、做學問的方式和東南亞史的研究取徑。

一、首先想請問老師當初是怎麼決定要研究歷史的？讓老師進入歷史系的因緣是什麼呢？

其實我原先想唸的是文學，聯考時進的不是歷史系，而是國文系，為什麼呢？話說從前，我是南部鄉下出身的小孩，當時臺灣鄉下的經濟情況普遍不好，許多種稻的人竟然吃不起白米飯，而以番薯簽為主食。當時的小小心靈雖無甚感覺，但是到了高中以後，因為愛看小說，對於反應社會生活的小說尤其著迷，所以曾立志東施效顰，做個書寫反應社會生活的小說家，也因此在大學聯考選填志願時，就以既有公費，又有工作保障，尤其還可延續私自興趣的師大國文系為首選。不料進入後，才發現所學的竟幾乎都是中國古代文學，跟原先預想的差別很大，所以在大一下學期初，即興起轉系的念頭，當時既是高中同學，又是大學同班的王文發也有同感（後來也成為本系教師），兩個少不更事的小夥子經過多番商量之後，決定轉往歷史系。當時之所以做此決定，很大因素是受到在國文系開授「中國近代史」的戴玄之老師的精彩講授及豐富內容所影響。另外還有兩個小因素，一個私自認為歷史學在本質上遠比中國古文學有自己思考的空間，另一個則是高中時期某位歷史老師在正課之餘，經常轉述他剛看過的《文星雜誌》的文章，啟發了歷史內涵的另一面向。

二、老師在師大歷史系求學這段期間，對那些課程或老師印象深刻呢？畢業之後有沒有曾經想過往教師這條路發展？

進入歷史系之後的感覺其實比較辛苦，畢竟是到了新環境。幸好有王啟宗老師指引，那時候王老師在當助教，他人非常好，看到我跟王文發老師從鄉下來，又是轉系生，而王啟宗老師雖然看起來很體面，但是他也是鄉下小孩，也許是因為這樣對我們特別眷顧，很詳細地解釋系裡的課程結構、老師的特質、如何修課等等，所以對歷史系先前就有了解。剛好那時候戴玄之老師擔任歷史系主任，戴老師本來就蠻親切的，不會對學生擺架子，同時我們是戴老師的老學生也就比較照顧。所以進來之後，雖然環境有些陌生，同時還要補修學分，但是透過這些老師的協助，也就慢慢上軌道了。

根據王啟宗老師的說法，當初設系的目的是培養中學歷史師資，而中學歷史的課程內容向來就包括中外歷史，如果要當一位稱職的老師，非兼備中外歷史素養不可，所以當時系裡所開設的課程，中外歷史並重，斷代史、專史、國別史兼具，為了增進歷史真諦的理解及自我探索的方法，還開設「史學方法」、「史部書目解題」等課程。師資方面都是學有專精的名師，如朱雲影老師、郭廷以老師、李樹桐老師、高亞偉老師、曾祥和老師、李邁先老師、趙鐵寒老師、方豪老師等。其中印象最深，也最影響我的是朱雲影老師所講授的「史學方法」。朱師自日本京都帝國大學畢業，對於「東亞文化圈：中國文化對於日韓越的影響」以及「中國上古史」有其極為精深的研究，在「史學方法」方面；不論「史學理論」或「史學研究實務」，均有其獨到的見解，並給予學生很多的啟發與指引。上起課來，不僅內容豐富，亦有文字流暢的完備講義可供閱讀，講解時，經常旁徵博引，或怕學生聽不懂，總會將徵引的東西書寫在黑板上，一堂課下來，整個黑板佈滿老師的字跡，老師滿臉滿身粉筆灰，非常令人不捨。至於學生則是滿載而歸，宛如享受過「一堂盛大的學術饗宴」。

如同前面所講，師大畢業後的唯一出路就是當中學老師，所以民國五十七年（一九六八年）畢業後，被分發到雲林斗六高中教書實習，原先滿腔的熱誠卻被備課及每週近三十堂課的壓力與疲累給打敗，於是萌生考研究所的念頭，也在翌年當兵的前夕，報考了當時唯二的臺大歷史所（另一所是中國文化學院的史學研究所），不知是自己實力不夠，還是受限於門戶，以名落孫山作收，躋身大學殿堂，並從事史學研究的夢想就此打住，同時也下定「終生擔任中學教職」的決心。

只是「人生難料，世事多變」，民國五十九年（一九七〇年）服完兵役後，正準備回斗六高中復職，意外地接到王啟宗老師奉朱老師命令寄來的明信片，詢問是否願意擔任新成立的歷史研究所的助教。這簡直就是「天上掉下來的禮物」，隨即懷著忐忑及感恩之心北上，從此再與師大結下不解之緣。

一般來說，助教就是奉所長命令，協助辦理所務，來此後，因為初接觸，難免膽戰心驚，心中所想的是如何做好應該做的事，不敢存有報考自家研究所的非分之想，所幸在所長朱雲影老師，專任李國祁老師，以及系裡老師們與學長們的積極鼓勵下，報考了研究所，也僥倖錄取，開始一段助教兼研究生的新生活。念研究所階段，收穫最多的是朱老師的「東亞文化史研究」，及李老師的「中國近代史研究」，所以在準備撰寫畢業論文時，在研究方向上，一度陷於應走東亞史或中國近代史的迷失之中。所幸有恩師朱雲影的引領，不但給了決定，也給了題目，更提供他所珍藏的圖書與資料，方才拾回信心。論文撰寫期間，恩師更費盡心血，無論架構、文字、資料解讀、議題論述等，鉅細靡遺地給予指導，字字句句地給予修正。而今每當想起那一段往事，總覺得眼睛怪怪的，心中也油然地湧現「生我者父母，育我者朱師也」。

三、從老師以前開設的課程來看，有東南亞史、東亞海洋交通史、臺灣早期海洋發展史等，由於東南亞史的研究在臺灣相對冷僻，想請問老師在這些學科的研究歷程，又為什麼會選擇這些領域呢？

因為研究所的畢業論文是《清代越南的華僑》，所以往後的研究也都以東南亞華人為主。另方面，又因原由王啟宗老師講授的「東南亞史」課程交棒給我，為了課程需要，不得不擴大範圍，領域上，擴增到越南以外的東南亞其他國家；內涵方面，增廣到華人史以外的政治、經濟、民族、文化、社會等範疇。汗顏的是，個人能力有限，而東南亞的民族與語文繁雜多種，在原始本土史料的運用上常有力不從心之憾，因此多謹守東南亞華人史此一主軸。

正因長期對東南亞華人的涉獵，發現華人外移過程中，所倚賴的是航運，而其移往的地方也不僅止於東南亞，日本等其他地區也是，於是多少轉移注意焦點，嘗試以海洋交通史的視角，觀察東亞華人的經貿發展及其移殖情況，並將之付諸學界所稱

「東亞海洋交通史」的範疇裡。

民國七十二年（一九八三年）因為王家儉老師的引介，幸運的受聘為臺北市文獻委員會主辦的「臺灣史蹟源流研究會」的輔導教授，開始接觸臺灣史，在專心旁聽各課程之餘，警覺到先前所從事的「東亞海洋交通史」研究，重心幾乎都放在中國方面的華人，至於臺灣住民的海外經貿，以及外人渡海而來的經營，也頗有研究的價值與空間，於是以〈臺灣明鄭與東南亞之貿易關係初探〉作為敲門磚，開始進行「臺灣早期海洋發展史」的研究，也因此先後在本系周末進修班、本校臺史所、長榮大學臺灣研究所開授此一課程。

只是個人才疏學淺，學養不足，以上這些都是「騙吃騙喝」而已，誤人匪淺，不足掛齒。

四、想請老師談談退休生活，並且就這幾十年研究的體悟和心得，給歷史系的同學們一些建議或期許。

退休之後，本來是要清閒度日，並規劃全臺三一九鄉走透透，可是天不從人願，仍有一些雜七雜八的事情要做，包括計畫或論文的審查，鄉志的編寫等，結果走透透的只有住家所在地的永和而已，更慘的是，本來打算要寫〈村上直次郎對臺灣史研究的貢獻〉專題，也被擱置下來。

至於給同學的建議，實在愧不敢當，如果大言不慚的話，倒是希望同學們要注意生涯規劃，事先想好畢業後，到底是要進修還是要就業？如果選擇進修，進而從事學術研究路線的話，在學期間除注意修課，以資順利考上研究所或到國外進修外，最好能夠選定研究的大方向，多多涉獵相關的資料，包括社會科學理論與方法、原始史料、既有的研究專書與論文等，甚至嘗試寫作。如果要擔任教職的，通盤性的歷史知識一定要具備，同時多揣摩教學方法，加強口條訓練。如果選定即刻進入一般職場的，可能就要辛苦一些，充分把握跨院、跨校選課的新辦法，多修習一些工商等技能性課程，即便延畢亦未嘗不可。總之，一切盡其在我，全力以赴。祝福大家。

原文刊登於《臺師大歷史系電子報》第五十七期（二〇一七年三月），由碩士班陳裕文同學採訪。

讀歷史118　史地傳記類　PC0847

師大歷史・記憶
系友訪談錄1

主　　編／國立臺灣師範大學歷史學系
校　　對／歐詠芝
責任編輯／鄭伊庭
圖文排版／楊家齊
封面設計／楊廣榕、王嵩賀

發 行 人／宋政坤
法律顧問／毛國樑　律師
出版發行／秀威資訊科技股份有限公司
114台北市內湖區瑞光路76巷65號1樓
電話：+886-2-2796-3638　傳真：+886-2-2796-1377
http://www.showwe.com.tw
劃撥帳號／19563868　戶名：秀威資訊科技股份有限公司
讀者服務信箱：service@showwe.com.tw
展售門市／國家書店（松江門市）
104台北市中山區松江路209號1樓
電話：+886-2-2518-0207　傳真：+886-2-2518-0778
網路訂購／秀威網路書店：https://store.showwe.tw
國家網路書店：https://www.govbooks.com.tw

2019年7月　BOD一版
定價：300元

國家圖書館出版品預行編目

師大歷史. 記憶 : 系友訪談錄 1 / 國立臺灣師範大學歷史學系主編. -- 一版. -- 臺北市 : 秀威資訊科技, 2019.7
面； 公分
BOD版
ISBN 978-986-326-730-0(平裝)

1. 國立臺灣師範大學歷史學系 2. 訪談 3. 臺灣傳記

525.833/101 108013192

讀者回函卡

感謝您購買本書，為提升服務品質，請填妥以下資料，將讀者回函卡直接寄回或傳真本公司，收到您的寶貴意見後，我們會收藏記錄及檢討，謝謝！

如您需要了解本公司最新出版書目、購書優惠或企劃活動，歡迎您上網查詢或下載相關資料：http:// www.showwe.com.tw

您購買的書名：________________________________

出生日期：________年________月________日

學歷：□高中（含）以下　□大專　□研究所（含）以上

職業：□製造業　□金融業　□資訊業　□軍警　□傳播業　□自由業

□服務業　□公務員　□教職　□學生　□家管　□其它______

購書地點：□網路書店　□實體書店　□書展　□郵購　□贈閱　□其他

您從何得知本書的消息？

□網路書店　□實體書店　□網路搜尋　□電子報　□書訊　□雜誌

□傳播媒體　□親友推薦　□網站推薦　□部落格　□其他__________

您對本書的評價：（請填代號　1.非常滿意　2.滿意　3.尚可　4.再改進）

封面設計____　版面編排____　內容____　文／譯筆____　價格____

讀完書後您覺得：

□很有收穫　□有收穫　□收穫不多　□沒收穫

對我們的建議：________________________________

____

____

____

請貼
郵票

11466
台北市內湖區瑞光路 76 巷 65 號 1 樓
秀威資訊科技股份有限公司 收
BOD 數位出版事業部

....

（請沿線對折寄回，謝謝！）

姓　　名：________________　年齡：________　性別：□女　□男

郵遞區號：□□□□□

地　　址：____

聯絡電話：(日) ________________ (夜) ________________

E-mail：____